片茶不留

好营销
三步卖光你的茶

谢付亮 著

中国出版集团有限公司

世界图书出版公司
西安 北京 上海 广州

图书在版编目（CIP）数据

片茶不留 / 谢付亮著 . —西安：世界图书出版西安有限公司，2024.2
（谢付亮茶商经营实战系列丛书）
ISBN 978-7-5232-1077-2

I.①片… II.①谢… III.①茶业—品牌营销 IV.① F762.2

中国国家版本馆 CIP 数据核字（2024）第 050386 号

片茶不留 好营销三步卖光你的茶
PIAN CHA BULIU HAO YINGXIAO SANBU MAI GUANG NI DE CHA

著　　者	谢付亮
责任编辑	李江彬
出版发行	世界图书出版西安有限公司
地　　址	西安市雁塔区曲江新区汇新路 355 号
邮　　编	710061
电　　话	029-87214941　029-87236447（市场营销部） 029-87235105（总编室）
网　　址	http://www.wpcxa.com
邮　　箱	xast@wpcxa.com
经　　销	新华书店
印　　刷	陕西金和印务有限公司
开　　本	787mm×1092mm　1/16
印　　张	11.25
字　　数	200 千字
版　　次	2024 年 2 月第 1 版
印　　次	2024 年 2 月第 1 次印刷
国际书号	ISBN 978-7-5232-1077-2
定　　价	88.00 元

版权所有　翻印必究
（如有印装错误，请与出版社联系）

序
三步卖光你的茶

我和谢付亮先生认识已经20多年了,那时他20刚出头,大学毕业不久,风华正茂,我刚刚卸任浙江省金华火腿有限公司法定代表人、经理。

二十多年来,我们经常一起探讨品牌营销策略,从漠河到爪哇,从魔都到雾都,从家具到茶叶,从战略、战术到战词,谢付亮总是能拨开云雾、抓住关键、出奇制胜,给出意想不到、令人拍案叫绝的方案。

至今,我依然清晰记得,2013年12月,经过一个多月紧锣密鼓的调研和论证,我们在加格达奇给出了产业策划方案,大兴安岭地委领导和塔河县委领导喜出望外,当即表示赞同,随后又做了进一步研究和部署。

谢付亮出生于书香世家，自幼熟读国学经典，大学毕业后，先后在两家国际品牌电器公司担任品牌经理，常常奔走于市场一线，在苦干实干中领会各种品牌营销策略。创业后，谢付亮敏锐察觉到中国企业现状，率先提出"一分钱做品牌"的理念，即充分挖掘、利用免费资源，凭借超低成本塑造品牌，让一批批企业看到了希望，找到了方法，坚定了信心。

谢付亮做事非常专注，深耕茶叶品牌营销已近二十年，考虑到茶产业的特殊性，既重视茶品质，也重视茶文化，谢付亮在服务茶产业时，尤其重视运用国学经典智慧解决茶叶品牌营销难题。

更重要的是，谢付亮不是守着青灯一盏，皓首穷经，而是一边实践，一边研究。加之，谢付亮经常走访茶城、茶产区、茶叶店，长年坚持与茶农、茶店员、茶老板面对面沟通，能够获取第一手信息，所以，谢付亮给出的方法不仅接地气，而且经得起实践检验。

正因为此，谢付亮的茶书，不仅开了茶叶品牌营销实战研究之先河，而且口碑、销量一向很好，从《茶翅高飞》《点茶成金》《指点茶山》《推心置茶》到《卖茶你要这么说》，帮助了千千万万读者，赢得了业界盛誉，持续且深入地推动了中国茶产业的品牌营销进程。

再讲个小细节，我和谢付亮在出差过程中，经常会遇到读者拿着书找他签名，有的还希望为自己写上几句鼓励的话。这不仅让我看到了读者对谢付亮的认可，更重要的是，我看到了茶商茶人的朴实和认真，而这份朴实和认真，也正是谢付亮身上富有的。

现在，谢付亮的新书《片茶不留——好营销三步卖光你的茶》要出版了，我感到非常高兴。这本书是谢付亮长期实践和研究的成果之一，它彻底破解了茶叶畅销的秘密：出众、出名、出谋，非常简单，非常实用。

《片茶不留》明确告诉茶商，茶叶畅销要做三件事：做到"出众"，"一分钟"让茶叶人见人爱；努力"出名"，"一分钱"让茶叶名扬天下；精心"出谋"，"一开口"让卖茶绝对成交。

我相信，读者朋友认真阅读本书，因"企"制宜、灵活运用，一定能快速卖光自己的茶！

俞惠星

2024年1月

目 录
CONTENTS

第一部分
彻底破解茶叶畅销的秘密

一 茶业营销，只干三件事   002

二 "一句话"看出茶业营销秘密   007

三 茶业营销之"根"   013

四 典型案例分析   016

    案例一 为何难有第二个"安吉白茶"   016

    案例二 徽茶为何"灰溜溜"   020

    案例三 茶叶店能开在写字楼里吗   023

五 专题分析   025

    专题一 中央一号文件提到"茶"，茶企可以这样做   025

    专题二 茶叶电商的"三个基本点"   028

    专题三 为什么80%的茶叶店"半死不活"   030

    专题四 茶业营销，这两点比钱重要   035

第二部分
"一秒钟"让茶叶人见人爱

一　"小罐茶"里的大技巧	040
二　专题分析	046
专题一　如何为品牌取一个好名字	046
专题二　如何为品牌做定位	057
三　焦点问题分析	063
焦点一　太平猴魁为什么败给大红袍	063
焦点二　茶业如何破解"黔徽困局"	066

第三部分 "一分钱"让茶叶名扬天下

一	为什么要"出名"	070
二	茶叶品牌传播"八字诀"	074
三	专题分析	079
	专题一 传播要拥抱社群4.0	079
	专题二 马云和刘强东,茶商更应该向谁学	083
四	典型案例分析	086
	案例一 一篇阅读量近10万+的文章	086
	案例二 被冤枉的"潘金莲"	091

目录

第四部分　"一开口"让卖茶绝对成交

一　顾客给钱之前，先给你什么　　096
二　向"金字塔"学说话　　103
三　快速发现顾客需求的10种工具　　114
四　焦点问题分析　　126
　　焦点一　如何进行有效沟通　　126
　　焦点二　为什么隔壁茶店生意比自己的好　　129

第五部分
未来五年，茶业营销六大趋势

趋势一	要野生茶，更要野生品牌	138
趋势二	及时消化茶叶库存	142
趋势三	持续汲取国学智慧	145
趋势四	把握三个互联网发展"关键词"	148
趋势五	处理好"12对关系"	153
趋势六	一步步回归"正道"	163

第一部分
彻底破解 茶叶 畅销的秘密

茶叶特色显而易见（出众），名气足够大（出名），很容易找到，沟通中切实能够为对方出谋划策（出谋），句句入心，最终让消费者觉得"值得"，这样的营销，就是好营销，一定能成功！

>>>

一 茶业营销,只干三件事

说起"3C营销"(参考下图),有的人还比较陌生,这里先简单阐释,后面随着阅读的深入,大家就能系统地理解其内涵。

茶叶营销和其他产品的营销一样,都是一个环环相扣的系统工程,不是一句话、一个广告语或一个包装能够完成的,也不是靠一种情怀就能解决的。

简要来说,成功的茶叶营销,一般都有三个步骤:出众、出名和出谋。这三个词语的第一个字都是"出",拼音是"Chu",为了便于理解、记忆和运用,我就把这种营销策略称之为"3C营销"。

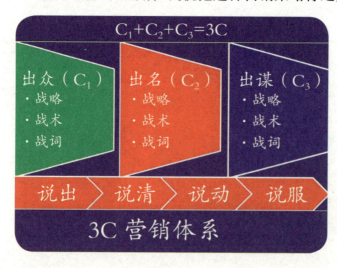

"3C营销"示意图

第一部分 // 彻底破解茶叶畅销的秘密

无论环境怎么变,推动茶业发展的必然是营销,也必须是营销!

营销若是"枯萎"了,再多的"肥料"都解决不了根本问题,"茶金融""茶收藏"等充其量只能维持一段时期的"亢奋",过度使用此类营销方式必然会使整个产业伤筋动骨、得不偿失。

营销,就是要把看起来相同的东西卖出不同的效果来。也就是说,营销要有足够的差异化,否则就事倍功半。

如何做好营销?

这是每位茶商都关心的问题,我们研究品牌营销20余年,重点研究茶叶品牌营销也近20年,从战略、战术到战词都做了扎扎实实的研究,同时做了大量的实践,得出来一个简单的结论——

追根究底,对茶叶营销来说,只要干好三件事——出众、出名和出谋,就一定能做好茶叶营销,再多的茶也能卖得出去。

第一,出众,即你的茶叶必须出类拔萃,必须能够"不战而胜"。

这句话该怎么理解呢?

其实,你只需要用一句话,就能把你的茶叶特征表述清楚。让消费者感受到你的"出类拔萃",并且在后续的沟通过程中,不断强化消费者对这种"出类拔萃"的认识。

具体说来包括以下几个方面。

官网上,你要让消费者感觉到你的出众。
淘宝店,你要让消费者感觉到你的出众。
京东店,你要让消费者感觉到你的出众。
天猫店,你要让消费者感觉到你的出众。
微信上,你要让消费者感觉到你的出众。
微店里,你要让消费者感觉到你的出众。
实体店,你要让消费者感觉到你的出众。
包装上,你要让消费者感觉到你的出众。
日常交流中,你要让消费者感觉到你的出众。
三言两语中,你要让消费者感觉到你的出众。
……

总之,从和消费者接触的第一秒开始,你就要让消费者感觉到你的出众,否则就没有机会进行下一步的营销。这个问题需要从战略、战术和战词三个层面去解决，在后面的篇章，我们会具体阐述。

第二，出名，即你的茶叶必须能够进入消费者的"选择范围"，若是能"不胫而走""一鸣惊人""名扬天下"则更好。

换言之，你的茶叶要能够被消费者"搜索"或"打听"到，前者主要是通过网络，后者则主要依靠口碑。

对于任何品种的茶叶，无论品牌知名度高低与否，营销者都要在"出众"的基础上，找到让自己"不胫而走"甚至"一鸣惊人"的方法。

这个问题同样需要从战略、战术和战词这三个层面去解决。

对于这一点，其实我们可以少花钱甚至不花钱就达到这一目的。只需要营销者动脑子想办法就能做到。

例如，对于实体茶叶店，则可以通过分析周边环境和客户特征，运用促销组合策略，让自己的客户群体迅速增加。

只有拥有顾客，尤其是进店的顾客，才能拥有一切。所以，不论营销者使用多少促销策略，客人不来都是空谈，在"吸引进店顾客"这点上必须要想方设法做到。

第三，出谋，指的是经营者要为消费者买茶"出谋划策"，而不是单纯地为了卖茶而交流。要让消费者有一种与你"不谋而合"的快乐，甚至"拍手称快"。

移动互联网时代，或者说网络盛行的时代，销售一定是"为消费者出谋划策"，而不是纯粹为了自己卖茶获取利润而已。

卖茶只是整个销售过程中的一个结果，进入良性循环后还会越卖越好。商业的本质如此，营销的本质亦是如此，销售必须回归到这一点来。

那么多"忽悠"人的东西，那么多证书，那么多概念，那么多"拉虎皮做大旗"的方法，已经不适合移动互联网时代了。

例如，消费者在品茶过程中，需要具体了解商家的茶叶品质，如果营销人员只会说"自己家的茶叶好""别人家的茶没我们的好"之类的话语，那么其可信度必然是极低的。说得越多，消费者只会越来越不信任你，成交量自然也会越来越低。

消费者了解的信息越来越多。作为营销人员，应该真心为他们考虑，而不是动辄就吹嘘自己"第一品牌""世界第一"，等等。这样的做法正在被市场所淘汰。直言不讳地讲，至今还在采取这种营销方式的品牌，如果不及时调整策略，在短时期内必然会面临破产。

再比如，微信里经常推送那么多"神药、神茶"，为什么还有那么多患者依然饱受病痛折磨？这样一想，我们就知道那些"神药、神茶"基本都是在欺骗消费者，但为什么还有那么多人相信？这就是人性。患者总抱有希望想试一试，所以容易听信一些不实的案例，从而失去了常识性的判断，虽然短时期看来是有一些利润，但这样的品牌走不远。

综上所述，茶叶营销只要干好出众、出名和出谋这三件事，其销量一定大为可观。

二 "一句话"看出茶业营销秘密

看了前面的"3C营销"示意图,我们从下面这个熟悉的例子开始思考。

当你走进一间门店,无论店面大小,都会有买卖之间的对话,也就是销售人员和顾客的对话。

从对话开始到结束,每个接触点的对话都会给双方留下印象。要么是好印象,促成交易;要么是坏印象,阻碍交易,二者必居其一。

怎样才能让每个人说的话都能推动成交呢?

看似是每个人,甚至包括店长的问题,但实际上并非如此。

要解决这类问题,归根结底还是要从"顶层设计"开始着手。这对任何茶商来说,都是如此。

什么是"顶层设计"?也就是高层要重视,要由上而下地制订战略、战术和战词,也就我们常说的"三战体系"。

例如,一名安徽的消费者,第一次出差到浙江杭州,在高铁站内,看到了一家茶叶门店,想买西湖龙井作为礼品赠送亲友。但他知道市面上充斥着很多假冒伪劣产品，为了买到正宗的西湖龙井，他就问店员这里的西湖龙井是否正宗。此刻，店员只要说一句话，就可以折射出一个茶叶企业的"顶层设计水平"，也就是一个茶叶品牌的销售力。

例如，店员回答："这是高铁站，还能卖假货？"对于这个答案，我们一起来看看存在哪些问题。

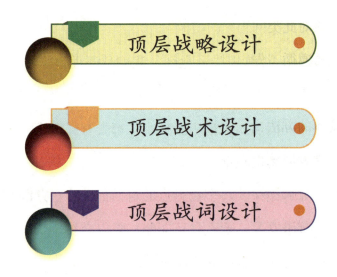

第一，顶层战略设计。

店员做出这样回答显然是想借助高铁站的品牌形象来烘托自己的产品正宗，但现在是移动互联网时代，曾经有新闻爆料某地高铁上的盒饭过期，此事件一度被传得沸沸扬扬。那么，在这样的大环境下，高铁站就一定能保障西湖龙井的正宗吗？对于这个回答，消费者的信任度必定不如店员想象的那样。

店员之所以这样回答，是因为忽视了自己的品牌形象才是根本这一点。高铁站只不过是一件"外衣"，也就是说，茶企领导者根本就没有专业系统地去审视自己的品牌战略，因此导致终端不能精准表达自己的品牌形象。

第二，顶层战术设计。

案例中消费者所担心的西湖龙井是否正宗等类似问题其实非常普遍，茶企应该对此类问题有具体的应对方案。

例如，要遵循"先心情，后事情"的说话原则，先对顾客的担心予以肯定，不要急着反驳顾客，然后再搞清楚顾客为何会有此类担心，再去找到具体的方法，对问题根源逐一进行化解。这是战术层面的问题，茶企领导者应该把这类问题从顶层设计开始着手解决，而不应让一线的销售人员临场发挥，更不是随随便便搞一场培训就能彻底解决。没有针对性的解决方案，必然是隔靴搔痒。

这也是很多企业做了培训，哪怕是高水平的培训，也未能解决问题的根本原因。但我们也不能因此忽视培训的重要性，因为做了总比不做要好。毕竟现在茶叶市场就像沼泽地，尽管没有直升机的停机坪，但如果在沼泽上铺一块木板，也好过什么都没有。

第三，顶层战词设计。

一切的战略和战术，都要用具体的"词语"来体现，当然很多时候也需要图片来辅助。

这些"词语"必须能够进入消费者的内心世界，让消费者马上理解你的意思，然后又能激发消费者的联想，从而一步步引导消费者认可你的茶叶产品，从而达到成交的结果。

换言之，也就是说，你的"词语"必须是有"战斗力"的。这就是我们称之为"战词"的含义。

回到前面的案例上来，"这里是高铁站，还能卖假货？"店员很明显是站在自己的角度去看问题，强调"这是高铁站"，还反问顾客"还能卖假货"。若是换成这样的回答："您的担心我很认同，看来您对西湖龙井的乱象非常了解……"我们可以体会一下，顾客听到认同的话是什么样的感觉。在后续的解释过程中，具体说话方式则是按照我们提出的一针见血原则，耐心地对消费者进行讲解，自然就能解决问题。

这是因为，每句话都是有力量的。要卖茶，就要从卖茶话术开始，做科学系统、独具特色的"顶层设计"。这可以直接提高门店盈利能力，增加利润，而且能获得较高的回报率。

"三战体系"先讲到这里。下面，我们再来对照 3C 营销体系图，结合前面的案例来思考三个非常重要的问题。

第一，这个高铁站的茶叶店，它的茶叶"出众"吗？

消费者来到杭州购买茶叶，西湖龙井可以说是当地特产，自然能够在各类茶叶或其他商品中"脱颖而出"，可以算作是"出众"。但在众多西湖龙井的茶叶品牌中，高铁茶叶店正在出售的茶叶，能不能算得上是一个"出众"的品牌，则不能准确判断。

第二，这个高铁站的茶叶店，它的品牌"出名"了吗？

对于消费者来说，在高铁站看到这个茶叶品牌，也许具有一定的品牌知名度了。但很明显，其名气还不够大，否则消费者就不会问"西湖龙井是否正宗"的问题。

打个比方说，你走进了五芳斋粽子的门店，会问店员这里的粽子是否正宗吗？当然不会！这就是品牌的力量。

再如，你进到了肯德基的门店，也不会问店员这里的炸鸡是否正宗；进了星巴克，更不会问店员这里的咖啡是否正宗。

即使很多人平时并不喜欢星巴克的咖啡，但也一定不会去怀疑星巴克咖啡的正宗与否。这就是"出名"的重要性。

品牌"大名鼎鼎"之后，影响力增加了，也就更值得消费者信任了，这是你必须深刻理解的消费心理。

再比如，假设这个茶叶店是天福茗茶，试想，消费者还会问其正宗与否吗？

大部分人应该都不会怀疑，因为天福茗茶的知名度很高，影响力也很大。

第三，这个高铁站的茶叶店，导购员懂得"出谋"吗？

导购员是帮助消费者买茶，而不是仅仅在卖自己的茶。

这就决定了导购员必须和消费者站在一个立场上，用心思考消费者的疑虑与担心。

日常购物过程中，被无良商家坑骗的事屡见不鲜，消费者自然会有顾虑。导购员若能站在消费者的立场,理解其顾虑,结果又会是怎样呢?这个问题留给大家继续思考。

下面,回到我们的核心问题:茶叶畅销的秘密究竟是什么呢?

说起来很简单,就是**对目标受众来说,茶叶特色显而易见(出众),名气足够大(出名)**,很容易找到,沟通中切实能够为对方"**出谋划策**"(**出谋**),句句入心,最终让消费者觉得该产品"值得购买"。成交自然是理所当然的结果。

三 茶业营销之"根"

茶叶营销,就应该围绕"出众、出名、出谋"这三个核心要素展开。但在展开前,要从下面这两个视角问自己两个问题:

> 【茶业营销之"根"】
>
> - 视角一:顾客为什么要买茶?
> - 视角二:"你"为什么要卖茶?

视角一,顾客为什么要买茶?

视角二,"你"为什么要卖茶?

这两个问题是茶业营销之"根","3C 营销"也是围绕这两个问题思考的。延伸开来,视角一还可以再增加两个问题——我卖的是什么茶?顾客为什么还要再次来买我的茶?

视角一的三个问题排序如下图所示。

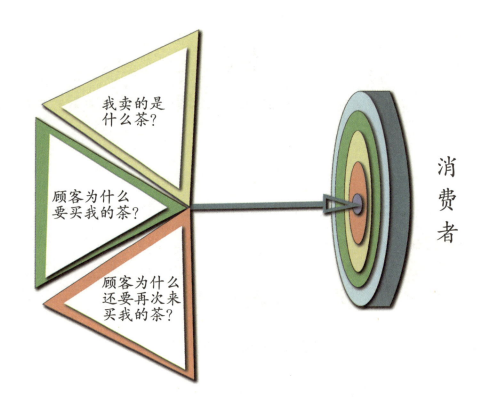

1. 我卖的是什么茶?

2. 顾客为什么要买我的茶?

3. 顾客为什么还要再次来买我的茶?

也就是说,卖茶始终以消费者为中心,不能搞成一锤子买卖,就像一些景区,为什么敢大肆卖假货、哄抬物价,就是因为他们没想再第二次做回头客的生意。若是监督不力,就会愈加肆无忌惮。顾客买茶的原因很多,我们认为:**营销者必须找到足够多的原因,才能发现**

第一部分　彻底破解茶叶畅销的秘密

存在问题，进而让出众、出名和出谋变得更加有的放矢。但在这个过程中应注意结合自己的茶叶特色和文化环境，牢记促成消费者买茶的原因有很多因素，必须避免"盲人摸象"的错误。

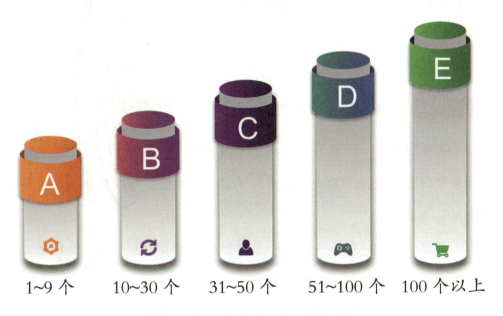

促成消费者买茶的综合原因数量

四 典型案例分析

案例一 为何难有第二个"安吉白茶"

安吉白茶是一个新品牌，除了《大观茶论》里的只言片语被学者们频繁引用之外，并无多少历史可以追溯，能够直接挖掘到的相关历史更是少之又少。

但安吉白茶能够快速崛起，蜚声海外，不仅创造了茶叶品牌崛起的里程碑，还引得很多地区引种安吉白茶，纷纷打造自己的白茶品牌。至此，又来了个"天大的疑问"——为何那么多地方引种安吉白茶，却没有崛起第二个像安吉白茶那样的茶叶品牌呢？

品牌的迅速崛起与走红，不是靠一个包装就能解决的，也不是挖一点历史、文化就行的，更不是生搬硬套几个跨界概念就能够解决的。

地方政府也好，当地企业也罢，都必须抓住大转型时代的特征，从格局上进行改变，才能挖掘大资源，捕获大机遇，催生大品牌，创造大市场。

第一部分 // 彻底破解茶叶畅销的秘密

第一,大格局挖掘大资源、捕获大机遇,夯实安吉白茶"出众"的基础。

首先,安吉白茶抓住了"白"这一特色,并且抢先注册命名为"安吉白茶"。后期持续宣传,不断地放大效果,更是让安吉白茶大"白"于天下,甚至在一定时期内淹没了传统白茶的声音,从而引发了热议。后来引种的诸多"某某白茶",则不再拥有这些红利。

其次,安吉白茶在《大观茶论》里找到了它的"前世今生",无论这点能否经得起研究论证,但这一出身立即让安吉白茶的血统变得高贵起来,加之后期的名声越来越大,人们也就不再去思考《大观茶论》里的"白茶"究竟是什么白茶了。一种观点,说得多了,时间久了，消费者自然就那么认为了，其他地方的白茶品牌即使也想用同样的方法，但也很难达到之前的效果了。道理很简单，咀嚼过的甘蔗，再去嚼一遍，能有多少滋味呢？我们在全国各地提供品牌咨询的过程中发现，很多地方政府和企业都曾走过这样显而易见的歧路。

再次，安吉白茶诞生和崛起的那段时间，茶叶作为一种时尚礼品正被人们互相馈赠，因此"天价茶"频频在市场上出现，甚至还有很多人趋之若鹜。尤其是安吉的区位优势明显，江浙一带地区经济发达，加之安吉距离杭州、上海、苏州等消费水平较高的城市很近，所以拥有大量消费者为其"高价"买单。其他白茶则难以具备这样的资源，江苏某一区域的白茶也很知名，且有着扎实的消费者基础，品牌宣传的投入更是不小，但终因战略上不够"出众"而未能全面超越安吉白茶。还有关键的一点，随着理性消费的回归，现在的"天价茶"已经不可能再拥有当初那么大的市场，大环境的改变必定会催生大转型时代。

第二，大格局产生大创意，催生品牌传播奇迹，推动安吉白茶快速"出名"，誉满天下。

首先，安吉白茶不仅抢先命名，占据了"白"字，也是第一个肯花大力气推广的"白茶品牌"。所以，尽管安吉白茶属于"绿茶类"，但在品牌传播上盖过了六大茶类中的"白茶类"。加之那时消费者对白茶知之甚少，更让安吉白茶的"出名"显得顺风顺水。作为消费者，到底什么是"白茶"？我要了解一下。后来的"白茶品牌"自然是难有此机遇。即使有，成功率也要大打折扣。

其次，在西湖龙井"一家独大"的长三角地区，安吉白茶作为与之相比差异化明显的品牌新贵，自然更容易赢得消费者的关注。再加上一些基于资源的务实推广，使其拥有了很多与西湖龙井比肩的机会，这是很多后来的白茶品牌都不具备的。

再次，一系列划时代的事件营销，"白茶娶妃（白茶取啡）""潘（攀）安卖茶""0元首富茶""茶画会""白茶拜堂（白茶百堂）"，等等。尤其是震惊中外的"白茶娶妃"事件，仿佛一颗投入茶产业的核弹，激发了一系列沉睡的、免费的优质资源，获得了空前的成功，因此被誉为中国茶叶品牌第一案，至今仍然是中国茶产业难以逾越的标杆之作，后来的事件营销均难以望其项背。

另外，当地茶商的辛勤付出也是非常重要的一点，尤其是早前的安吉白茶茶商，更是饱受常人无法想象的艰苦。他们持续不断地动脑筋、想办法，扎扎实实地去探索茶叶市场，一点点开拓安吉白茶的市场，产生了许多可歌可泣的故事，值得后辈尊敬和学习。

第三，大格局审视大环境，安吉白茶"集体无意识"地做了很多努力，在"出谋"方面做得非常扎实。

关于消费者为什么要买安吉白茶，有什么特色，口感怎样，如何冲泡，等等。甚至在如何"快速喝茶"的问题上，相关的政府主管部门和茶商都做了比较周到的准备。尽管不一定非常科学，但对茶叶界来说，这是非常务实且扎实的，更是消费者所关心的，至今仍有借鉴意义。后来的白茶品牌竞争已大大加剧,但经营者却没有从战略、战术和战词三大角度锻造"三战体系",从根本上解决这些问题,再加上自身品牌影响力本身就非常弱小,文化资源难以嫁接,自然就造成了"恶性循环",导致很多茶卖不上价,甚至卖不出去,只好搞出"潘安卖茶"之类的闹剧,最终自毁前程。

除了上述的分析,当地政府在品牌管理和茶叶生产加工管理等方面,也做了很多颇具眼光的实事。尽管很多人指出了问题,但不少举措在茶叶界具有明显的比较优势,这点还是值得肯定的。笔者是从品牌营销的角度,分析了茶叶界很难再有第二个"安吉白茶"的根本原因。要破解这一"魔咒",从下面这三个角度努力即可:①大格局挖掘大资源、捕获大机遇,让品牌"出众";②大格局产生大创意,催生品牌传播奇迹,让品牌"出名";③大格局审视大环境,站在消费者角度,为消费者买茶"出谋",清除购买障碍,品牌必然会快速崛起。

案例二:徽茶为何"灰溜溜"

徽茶,安徽的茶,这个称号曾经很著名。

徽茶,不知道多少次被我国外交部作为国礼赠送国际友人。

然而,今天徽茶的实际地位不如福建茶,也不如云南茶。那么为何徽茶在市场博弈中会这样"灰溜溜"地败下阵来?

接下来,我们来简要分析一下。

前些日子，一位安徽茶商登门找我请教，问其品牌在茶叶界的地位。我告诉他，品牌地位有两种，一种是你的茶园面积、茶厂设备等；另一种是你的品牌在消费者心目中的地位。这两种地位不一样。知人者智，自知者明。很多茶商虽然心里明白这个道理，但还是禁不住喜欢凭空想象，不能看清自己。

事实上，并非某品牌的茶园大、厂房大、设备多，其地位就高，这两点不能相提并论。正如茶叶界熟知的，曾被茶叶界捧为营销新贵的某茶叶品牌，起初并未从茶园和设备入手。品牌的地位，完全取决于消费者的态度。消费者的态度，则取决于品牌经营者向消费者传达了什么信息。

我是安徽人，我深爱着我的家乡，自然希望徽茶保持原先的优势，在更大范围内造福消费者。所以，我经常思考徽茶应该如何重振品牌影响力。但单靠安徽人的思乡情怀，徽茶是不可能重塑辉煌的。靠什么呢？首先要搞清楚徽茶为何在市场博弈中呈现"灰溜溜"的状态，找到的原因越多、越关键，就越容易找到解决方案。

这里先简要分析以下四点。

其一，徽茶在产品特色上没有"抓住重点"。

例如，我谈过太平猴魁败给大红袍的原因，虽然二者颜值都不高，但却有着完全不同的命运。再如，六安瓜片特色很明显，原本也可以做得更大，瓜分更大的市场，但结果却事与愿违。产品是营销的根，徽茶要再度崛起，必须在产品特色发力，重新定义"产品特色"。

其二，徽茶没有找准自己的竞争对手。

我曾问过一位茶商，他的竞争对手是谁。他列举了一些茶叶品牌，但还是没有抓住最根本的竞争对手。

看清自己的对手，才会发现更大的市场；洞察自己的缺陷，才会抓住更大的市场。厘清竞争对手需要格局，那如何解决格局问题呢？这需要茶商到市场中走一走，多和经销商沟通，多和顾客沟通，这个顾客不仅包括喝茶的顾客，还包括其他顾客，各种消费者，都可以进行沟通。除此之外，还要观察顾客。尤其要留意顾客没有说出来的想法，这点非常重要。因为，很多顾客自己都不了解自己究竟想要什么样的产品，那又怎能正确引导其消费呢？

其三，"安徽的茶"，没有变为"安徽人的茶"。

这句话该怎样理解？例如，安溪人四处推广铁观音，才有了安溪铁观音的今天。安徽人在外打拼的很多，却没有那么强的"家乡茶意识"，以家乡茶创业的也不如福建人多，也就没有形成"安徽人的茶"这样的氛围。

氛围也就是我们常说的气场，"安徽人的茶"这种强大的气场还没形成，所以没能让外地人感觉到徽茶的强大能量。徽茶需要掌握新时代的茶业商规，挖掘这方面的力量，这是徽茶重塑辉煌的重要途径。

其四，徽茶缺乏专业系统的品牌营销运作。

品牌营销要从出众、出名和出谋三个角度入手，既要有战略、战术上的，还要有战词上的。

不少徽茶品牌表达都是千篇一律，效果如同隔靴搔痒。这一类问题仅仅是表象，若是深入到门店、员工等层面，就更能看到徽茶品牌营销体系的缺陷。

品牌营销是实践，这一类问题必须基于实践进行解决。每家品牌的解决方案虽不一样，但都要把握两个关键点：一是要有差异化；二是必须增加使消费者青睐品牌的理由。

例如，传统黄茶类中的霍山黄芽，就可以从这两个角度入手，快速找到黄茶最佳的"闪光点"，迅速做大市场。

品牌营销，必然不断遇到问题、解决问题，必然需要永不停歇的积累，除非品牌消亡。这一点，任何品牌都要有心理准备。

徽茶底蕴深厚，市场基础稳定，加之目前正是大转型时代，又给了徽茶崛起一个大好机遇，只要辅以专业、扎实的市场运作，徽茶必然会再次迎来"光辉岁月"。

案例三　茶叶店能开在写字楼里吗

一位读者曾向我提出这样的问题：把茶店开在写字楼里是否合适？应该采取什么样的经营模式？

在回答这个问题之前，我们首先要想清楚三个问题。

其一，你为什么要把茶店开在写字楼？是因为租金便宜，或是顾客集中，或是便于存货，还是有其他原因？

其二，你为什么要开茶店？是为了赚钱，还是为了兴趣，或因为其他原因？

其三，你开茶店有什么优势？是在货源、价格方面有优势，还是拥有客户资源或资金优势？或是茶叶鉴赏能力优势？抑或是有别的优势？

这三个问题看起来不一样，但其实都在提醒你思考同一个问题——你的选址必须充分照顾你自身的优势，避开你的不足之处，同时要有足够扎实的方法，解决好客流问题。如果解决不好客流问题，没有足够的客人进店，你的优势又该如何发挥？

这个"人"可以是真实世界的人，比如商场超市，也可以是虚拟世界的"人"，比如京东、天猫、淘宝、朋友圈，等等。

微商崛起，值得大家关注。既然微商都可以做好，那么你在写字楼开茶店能否也达到相同的效果呢？产品、客流，必要的沟通策略，等等。这些都是必须要考虑的。

不忘初心，前提是先要找到你的"初心"，以及最初拥有的各种资源，然后叠加使用，才能创造出理想的成绩。

五 专题分析

专题一 中央一号文件提到"茶",茶企可以这样做

2017年,中央一号文件首次提到"茶",这一点的确是利好消息。很多人欢天喜地,仿佛茶叶马上可以大卖,但现实并非如此,卖茶依然还是很难。更有甚者,有的茶企眼看着业绩下滑,却不去找解

决办法，而是找种种借口，这样的茶企一定暗藏危机，什么样的利好政策也拯救不了这样的企业。

第一，产品线不够。

产品不齐全，这个理由让人听起来确实无可奈何。然而，看看立顿红茶，再看看可口可乐，包括近期饱受争议的小罐茶，他们的产品线并不长，产品款型也不多，但他们至少在很多方面都取得了一定的成功。

第二，价格体系不全面。

这样的理由同样没有道理，比如刚刚列举的几家茶企，难道它们的价格体系也不全面吗？其实，在多数情况下，这个理由只是为营销能力低所找的借口而已。价格高低不是关键，重要的是要让顾客觉得物有所值。

第三，规范化不够。

一切的品牌营销都要与企业实际匹配，空谈规范没有意义，拿立顿或天福的标准要求小茶企同样也是没有意义的，这个借口除了只能显示企业自身能力弱之外，根本解决不了任何实际问题。例如，你如何介绍公司，如何介绍品牌，如何介绍茶叶，这些问题的确要规范，但究竟何为"规范化不够"，则必须给出具体的建议和提升措施，否则将毫无意义。

第四，更换店长，客人流失率高。

这个理由确实是客观存在的事实，很多茶企或茶叶店都有这样的情况发生，管理者不能将其视为自然现象，必须想办法从两个角度去解决员工流失继而引发顾客流失的问题：其一，与店长一起成长，尽量降低店长的更替率；其二，看到成交背后的多个因素，增强客人与店铺乃至品牌的黏性。

第五，断货的影响。

如果真的出现断货，则要找出提供备选货品的解决方式，并尽早恢复供货。若是沟通不畅、物流不畅，则需要考虑管理团队的效率了。对大部分茶企而言，真正因为缺货而导致销量下降的情况其实并不多见。

第六，停车不方便。

通俗地讲，没有筷子的时候，用手也可以吃饭。停车难也许会影响业绩，但并不会造成太大的影响。大家可以看看天福茗茶的门店，很多都存在"停车难"的现象，也可以看看其他品牌做得比较好的门店，有些甚至是相同的地理位置，业绩却相差几百万。

第七，陈列不美观。

许多老的茶叶店，产品胡乱地堆放在那里，一点儿也不美观，但业绩始终很好。店铺的营销要抓住关键，那到底什么才是关键？其实，顾客就是关键，要让顾客不但愿意来，还愿意经常来，并且认可茶叶品质和服务，那么销量自然就上去了。

茶叶界的营销必须回到顾客这个关键词上，不要再提上面这七个借口了，同时减少一些看起来高大上的做法，否则绝不可能有出路。

专题二 茶叶电商的"三个基本点"

去年年底，一个老朋友给我发来一条福建省成立茶叶电商协会的消息。

纸上得来终觉浅，这个问题我们一直在实践、操作并观察，而不仅仅是在思考，这里谈谈茶叶电商的"三个基本点"。

第一，商业本质不变。"茶叶""电商"这两个关键词都要抓住。

无论商家怎么经销，要在市场上存活得长久，都要有客户口碑做基础。而客户口碑来自令人追捧的"高性价比产品"，其他的都是退居其二，这个真理永远不会变。如果想长期稳定地做生意，那就需要认真打磨经营者的产品，从茶叶、包装到价格，都要仔细权衡。

立顿为什么能够存在这么久，并每年创造上百亿的销售额，其中一个重要的原因就是"高性价比产品"。这一点在茶叶界有不少人不服气,但事实上品牌确是由消费者说了算。纵观营销历史,只要越来越多的消费者觉得"值"的品牌,均无一例外获得了成功。这并不是让大家照搬照抄立顿,而是提醒我们去学习立顿的长处。

第二,必须做好内容。内容就是广告,就是传播,就是流量,就是渠道。

在做好产品这个关键的基础上,一定要提炼出自身的产品特色。这点必须做好,并且要从战略层面去做,战略、战术、战词都要做好,这三项缺一不可。此外,还要认真打磨与之相关的内容,比如图片、音频、视频或文案,让引人入胜的内容吸引与之相关的消费者,从而产生消费。这是一个积累的过程,不要奢望短期就有大收获,必须要有长远的眼光,并一直坚持做下去。

第三,必须做好客情。茶叶不是一次性消费,要用策略吸引消费者多次消费,而不是只做"一锤子买卖"。

不少打价格战的电商,只是在促销的那一次活动中有了销售额,并没有多少利润,甚至亏损,这种引流的成本太高,得不偿失。更严重的是,做不好客情关系,很多消费者基本就是"一次性消费",再也没有回头的那一天。

引流最好的方式是做内容,坚持不懈地做,必须做出自己的显著特色,包括品牌文化、产品特色、产品包装等,都需要一系列相互呼应、协调一致的特色,同时认真维护客户,一步一步建立温和融洽的客情关系。

互联网更新迭代很快,未来的茶叶电商模式还会有很多变化,譬如社群电商、微电商等新的概念一定还有很多,层出不穷,但万变不离其宗,抓住了"产品"和"客户"就能以不变应万变。

专题三 为什么80%的茶叶店"半死不活"

很多茶叶店都只是外表光鲜,看上去装修精美,雅致且有情调,而老板自己却觉得过得一点都不好,甚至很苦闷。

每年我们都花大量的时间和精力走访茶叶店,和老板聊天,和导购聊天,和顾客聊天,对这一点非常了解。因为这是一群相对单纯的人,比很多产业经营者都淳朴多了。

世界就是这样,倘若你只顾着一心做好事,这一定是很艰难的。我们必须有足够的智慧,来适应这个社会,才能在不走歪门邪路的前提下,一点点把生意做大做好。我本人就有着类似的经历,也就能理解很多茶商在情怀和生意之间的矛盾或纠结。

很多在正义道路上坚守的茶商,尤其是个体茶商,都是理想主义者,都有着丰富的艺术细胞和一份情怀,都在坚守着自己的底线,却不知道应该如何做好营销,让自己能够体面地生存。但根据我们的调研粗略估计,现实中有很多茶叶店都呈现一种"半死不活"的状态,在扣除了门店房租费、水电费及其他杂费后,一年剩不了多少钱。很多茶叶店的老板想放弃,却又觉得心有不甘,总想把希望寄托在第二年。于是，他们咬紧牙关，一挺再挺，坚持了一年又一年，但还是很难有盈利，我曾经听到一些茶商自嘲：今年目标是存 10 万，结果到了 12 月，却还差了 11 万……

这一类情况虽有差异，但基本情况就是门店经营始终半死不活，让人心痛。相信很多拥有创业经历的人都能理解这种境况和心情。

这里，我所提到的 80% 这个比例，大家可能觉得高得吓人。但的确是这个比例，调研后让很多人都很吃惊。很多抱着改善生活的美好愿望，或怀揣创业理想，信誓旦旦开茶叶店的老板，到如今却把店开成了鸡肋，弃之可惜，食之无味。这究竟是为什么呢？

通过在全国各地走访调研，我们发现这主要是由以下三个致命因素导致的。

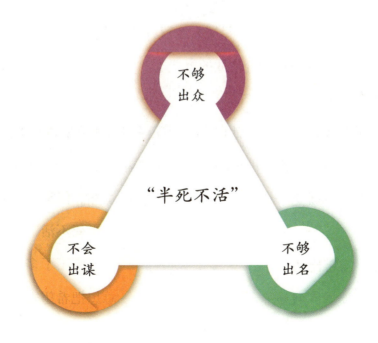

其一，不够出众。

作为茶叶店，想要出众的基础一定是产品。请大家注意，这里所说的产品是经营者和消费者沟通的媒介，这是一种非常重要的媒介，而不是经营者有什么就卖什么。作为经营者，你应该考虑的问题是消费者需要什么产品，而不是你自己打算要卖什么产品。

那么，消费者究竟需要什么呢？

这不是任何一个经营者随意猜出来的，而是他们在开店前进行调研，并在开店过程中一点点挖掘出来的。

产品不是一成不变的，需要持续不断地完善。也就是说，产品完善其实就是一个动态循环的过程，只要你的茶叶店开下去，你就必须考虑如何持续完善自己的产品，而不是严守着以往的产品不放。是产品，就必须有差异，要有比较明显的差异化。

如果产品无法做到有差异，那么经营者就要在服务上做好差异化，实在不行，就只能采取打价格战的方式了。但消费者需要的永远不是廉价的产品，而是超值的产品。

这些都是经营者必备的常识，必须仔仔细细地分析自己的产品，看看它们的特色是什么，能够满足哪些消费者，然后找到恰到好处的词语去表达，也就是"战词"。请大家牢记，"产品"和"出众"永远是基础。

其二，不够出名。

出名，要看区域和平台。

一般的茶叶店，能够辐射的区域有限，五公里之内往往很难达到，主要还是做附近人群的生意。当然，开在大型商超的茶叶店例外。

出名了，才会有更多人来；有更多人来，自然更出名。这看似一个因果循环，其实不然。经营者要考虑好一个问题：顾客为什么要到你这里来？

你要制造机会，持续不断地制造机会，让他知道你的店，这样才会有顾客上门。顾客上门了，才有可能买茶，这是一连串的作用。这点必须从开始就想好。抛开最开始选址的失误，一些开设在繁华小区附近的茶叶店，大部分也是半死不活，主要原因多半是"引流"出了大问题。这就需要结合店铺的具体情况，提高客流量，持续不断地增加客源。有了顾客上门，加上产品出众，生意自然就好做了。

其三，不会出谋。

与人沟通，主要靠"说话"。这里所说的"说话"，必须是帮消费者出谋划策，帮助其以合适的价格买到合适的茶，而不是一味为了多挣钱。

那么，具体该说些什么呢？自然是说应该说的。那到底什么才是应该说的呢？这个问题，每位茶商都要考虑清楚，包括店内聘请的导购员或茶艺师，经营者都要想清楚，最好是形成相应的文字资料，明确到底应该怎么说，这就是每家茶叶店都应该做好的"战词体系"，连锁茶叶店或具有一定规模的茶企，更需要做好更加周密详尽的"战词体系"。

这里简要谈谈以下两个核心。

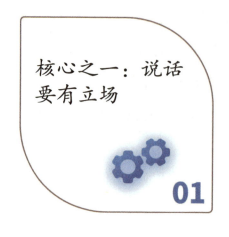

核心之一：说话要有立场。

刚刚说了，卖茶的正确立场是帮助消费者买茶，要有助于建立良好稳定的关系，这里面就有产品的因素。

如果产品质量一塌糊涂，相差万里，根本无法满足消费者，说什么也没用。倘若乱说，蒙混过关，自然属于消费欺诈行为，最终是害人害己。

核心之二：说话要有智慧和技巧。

说话，尤其是在销售沟通中，还是需要智慧和技巧的。同样的问题，不同的处理方式，结果大不一样。尤其是很多时候，消费者自己都会感到迷惑：这么多茶，令人眼花缭乱，我到底需要什么样的茶？

这时，就更需要导购员或茶艺师去做买茶顾问，耐心分析，一步步引导顾客。

注意，是买茶顾问，不是卖茶顾问。经营者必须站在顾客的角度去沟通，说话必须结合实际情况，方法必须灵活应用，只是立场和原

第一部分 彻底破解茶叶畅销的秘密

则不能变。出众、出名和出谋解决了,茶叶店的生意自然就好了。

专题四 茶业营销,这两点比钱重要

很多年前的一个晚上,我从健身房出来,迎面看见一位男士很面熟,像是一位多年不见的老同事。打量一番之后,我决定走上前去打个招呼。结果发现,果然是老同事。我们都很惊讶,感觉两个人都"今非昔比"了。他胖了很多,我瘦了很多,所以无论是谁都很难一眼认出对方来。

这种情况其实很常见,很多朋友都一天天"发了福",不是"中部崛起",就是"全面发展",尤其是从事营销相关工作的朋友。这不是一件好事,"万病胖为先"。身体是工作和生活的基础。有了好身体,我们工作起来才更有精力,更有激情,更有时间。这是一个妇孺皆知的事实,但却并未得到应有的重视。

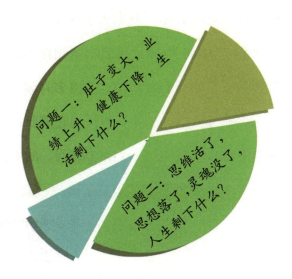

肥胖不仅是导致心脑血管疾病的重要因素，也是导致肥胖人群病死率比正常人群明显增加的重要因素之一。

问题一：肚子变大，业绩上升，健康下降，生活剩下什么？

谈生意不能以牺牲健康为代价，我一向主张这个基本原则。

现实生活中，很多人都做不到。为了接下一个订单，就敞开肚皮喝酒，结果可能是业绩上了，肚子变大，身体胖了，健康下降。

再如，有些茶商，陪客人喝茶到深夜，还有的茶馆，客人坐至夜里一两点也不走，又不好意思下逐客令，虽然在短期内赢得了顾客，但还是得不偿失，对身体的伤害很大。

我有一个出版社的朋友曾给我说过他认识的一位茶商，因客人不断来访，这位茶商每每陪着客户喝茶，经常喝得自己睡不着觉。不错，营销过程中有太多辛酸，太多苦闷，太多无奈，太多"身不由己"！很多时候，即使你知道对方也许对你并没有尊敬之意，你也要硬着头皮喝下去，因为你要提升业绩，你"看上去"并没有其他的选择。

我也有类似的经历。近20年前，我们刚刚创业时，一个老板嘴上与我们确定了合作关系，不仅自己敬酒，更是鼓动其他相关部门的人来敬酒。

我和同事都不胜酒力，平常更是对白酒滴酒不沾，但是考虑到公司发展，我们还是硬着头皮喝了下去，给足了客户"面子"。但是，在那个极度缺乏诚信的行业，订单并没有因为给足客户"面子"而生效，精明过人的客户最终还是耍了赖，虽然采用了我们提供的方案但并未签署合作协议。

那是我第一次给客户"面子"喝白酒，也是我最后一次喝白酒。后来，无论何种理由，我都彻底不喝白酒。例如，每次出外授课，很多老板听了非常兴奋，心潮澎湃，信心激增，席间十分真诚地向我敬酒、劝酒，我都一律拒绝，仅以茶水或饮料表示谢意，无一例外。

风物长宜放眼量，凭借喝酒之勇或彻夜喝茶谈下来的单子最终有什么用？

如果只是过着这样的日子，那么生活还剩下什么呢？

难道是一张张钞票，一本本存折，一堆堆脂肪？抑或是带给家人无尽的担忧与顾虑？

问题二：思维活了，思想落了，灵魂没了，人生剩下什么？

人的健康至少应该包括身体健康、精神健康和灵魂健康。

有些茶商，为了业绩，思维活了，自然会不择手段，屡试不爽。

几次三番之后，营销人员不仅思想跟着一落千丈，俗不可耐，灵魂也被污染，甚至龌龊不堪，彻底忘却了人生准则和意义。

试问，此时的人生又还能剩下什么？

一个人可以不像圣人那样完美无瑕，也可以不像哲人那样胸怀天下，但是必须为自己的人生找寻正确的价值，活出生命的意义。

只可惜，不少营销人员距离洁净的灵魂越来越遥远，甚至就如黎巴嫩著名诗人纪伯伦曾经感叹的一样："我们已经走得太远，以至于忘记了为什么而出发。"俗语道："人无千日好，花无百日红。""纵有千年铁门槛，终须一个土馒头。""万事劝人休瞒昧，举头三尺有神明。""善恶到头终有报，只争来早与来迟。"然而，既然生活在这个世界，我们，尤其是茶业营销人，就更要重视业绩之外的身体、精神与灵魂，让自己的"身、心、灵"都能保持健康的状态。

第二部分
"一秒钟"让茶叶人见人爱

用"一半熟悉、一半陌生"的词语来表达产品特色或品牌特色。比如"小罐茶,大师作",在茶业界有很多大师做茶,小罐茶也不算太新奇,但是把六个字放在一起,拔高到现在的程度,就是"半生半熟""一见如故",说得多了,场面大了,高度有了,也就越来越有穿透力了。

>>>

一 "小罐茶"里的大技巧

你眼中的好茶,别人一定也会觉得它好吗?其实不然。别人不一定会认为你的产品就是好茶,也不一定就能卖好。

那么,这是为什么呢?答案就在下面这张图中。

看着上面的图,我们就更容易理解这个问题的原因所在了。

你非常了解自己的茶,自然知道自己的产品是"好茶"这一"事实"。但其他人对你的想法了解甚少,也有可能在了解过程中曲解了你的意思,甚至完全没有了解,那又如何知道你卖的就是"好茶"呢?

也就是说,你的"好茶",他根本没办法建立认知,也就是无法认同你的观点。即使他能获得相关的认知，觉得你的茶不错，但这并不是他的"需求"，你的茶叶同样也是卖不出去的。

比如，曾经被炒得火热的且价值数万一斤的大红袍，消费者也知道是好茶，但还是不太会成为他的"需求"。他的"需求"可能就是两千元一斤的大红袍。对于高价的好茶，因为太贵了导致喝不起，这是不争的事实，很多名茶都会遇到这样的问题。

所以，作为经营者，你要根据自己茶叶的综合情况，找到合适的消费群体。这个过程中，必须要让茶叶"与众不同"，也就是"出众"，让目标消费者能够瞬间明白你要表达的内容。

大家还记得本书开篇中的第一张图——"3C营销"示意图吗？就"出众"而言，同样涉及本书第一部分所提到的"战略、战术和战词"三个层面。而且，同样有着说出、说清、说动和说服的区别。

例如,"小罐茶,大师作"这简简单单的六个字,就把自己的特色和定位说得很清楚,并容易被记住,还可以给人比较好的联想。大师做的茶,应该就是好茶吧!很多人都会这么想。当然,还涉及出名的问题。小罐茶的广告宣传,也让这六个字逐渐被大家熟悉,从而建立一个非常明确的新标准。

尽管有人提出疑问,但从营销上看,该企业宣传称销售额已超过10亿元,由此看来,它的确是说动了很多消费者,也说服了不少消费者。

这是值得所有茶商学习的。三言两语,简简单单,不仅说清楚自己的特色,让听者的心也随之"微微一动",等到合适的时候,就自然会去亲口尝一尝小罐茶。

但是,请记住八个字——越是简单,越要深入。

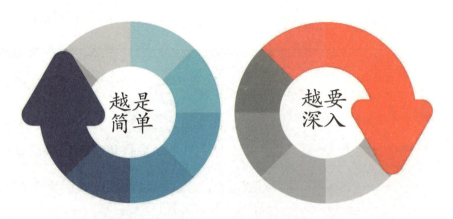

深入浅出,这是俗话,值得我们天天思考。那么,该如何更好地让茶叶"出众"呢?请看下图。

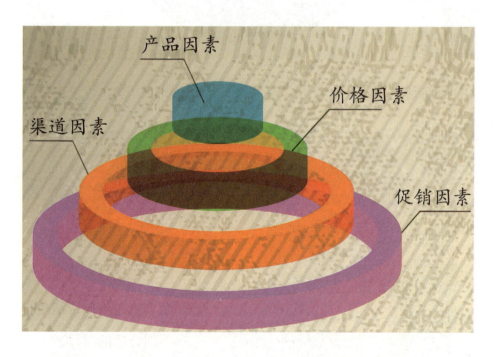

参考传统营销的四个要素,即产品、价格、渠道和促销(推广),

从这四个角度都可以找到差异化，做到"出众"。具体的做法，如下图所示。

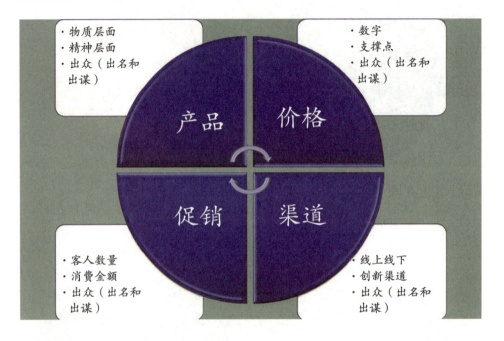

具体到"战词"的表达方式，则如下图所示。

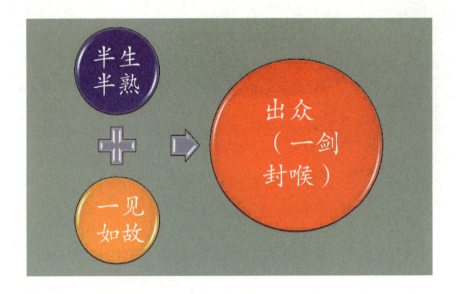

也就是说，用"一半熟悉、一半陌生"的词语来表达产品特色或品牌特色。

就比如刚刚谈过的"小罐茶，大师作"，大师做茶在茶业界还有很多，小罐茶也不算太新奇，但是把六个字放在一起，拔高到现在的程度，就是"半生半熟""一见如故"，说得多了，场面大了，高度有了，就越来越有穿透力了。

为什么会"一见如故"？因为大师做茶耳熟能详，所列举出的大师姓名也在圈子内有一定的影响力，加起来自然就很容易"一见如故"，甚至是"一见倾心"。

二 专题分析

专题一 如何为品牌取一个好名字

正所谓"名正言顺",好的品牌从名称开始。在保证质量的前提下,这句话就是真理。那么,如何为品牌取一个好名字呢?

从马云和特朗普的段子说起

当马云报出帮美国增加100万个工作岗位的时候。特朗普被彻底征服了。他明白,对面的这个"小个子"不容小觑。如果再不向中国妥协,4年后,这个小个子说不定还会来美国竞选总统。这个段子就叫"一马平川"。

撇开事件具体的内容,就形式而言,这个段子确实令人捧腹大笑,换个角度来看,这恰恰透露了品牌命名的秘诀。

一个品牌名称就是一个"信息包",里面装着什么非常重要。就像"一马平川",在马云遇到特朗普之前与之后的意义完全不一样。于是,在信息传播极速的时代,很多人都在第一时间知道了"一马平川"的新内涵。

这样的例子还有很多，再来看看"狗不理"品牌的案例，一提到"狗不理"，这三个字让人想到的不是"狗"不理，而是"包子"，让人垂涎欲滴的"包子"。

去了天津，进入"狗不理"的大本营，当很多人知道"狗不理"居然还是一家酒店后，往往涌出一种"非尝不可"的冲动。我就是这样来到了狗不理酒店，再贵的包子也不觉得贵了，而是觉得"一定要尝尝"才算是"没白来"！这就是消费者的心理。

狗不理同样是个"信息包"，背后是"各种沉淀"，有历史的，有文化的，有口碑的，反正有很多东西刺激着我们去行动。下面，我们就来看看"狗不理"的典故。

"狗不理包子"的创始人高贵友出生于1831年，因其父四十得子，为求平安，为他取了个乳名叫"狗子"，期望他能像小狗一样好养活。高贵友14岁时到天津南运河边上的刘家蒸吃铺做小伙计。因心灵手巧、勤学好问，加上师傅们的指点，他做包子的手艺不断增进，逐渐练就了一手好活儿。

三年满师后，高贵友独自开了一家专营包子的小吃铺——"德聚号"。由于高贵友手艺好，做事认真、诚信，他制作的包子口感柔软，鲜香不腻，形似雏菊，色香味都独具特色，因此生意十分兴隆。渐渐地，顾客越来越多，他常常忙得顾不上跟顾客说话，吃包子的人就调侃他"狗子卖包子，不理人"。久而久之，人们喊顺了口，都叫他"狗不理",把他所经营的包子铺称作"狗不理包子",而原店铺字号却渐渐被人们淡忘了。

可见,在产品具有一定特色的基础上,品牌是从"造词"开始的,同时不断积累着各种沉淀。若是没有相应的沉淀,当你看到"狗不理"这三个字时,最多也只会觉得好笑,觉得这样的名字太奇怪了,不明白连狗都不理的包子,怎么会有人吃?所以不大会产生"非尝不可"的冲动。有了丰富的内涵作为支撑,效果则大不一样,这就是品牌的作用。

好名字能降低 6 种营销成本

好名字在赚钱之前,必须能帮你省钱,至少体现在以下这 6 个方面。

第一,识别成本。

安吉白茶就是个典型案例,这个名字让人一听就知道这是个有特色的茶叶品牌,一个"白"字让安吉的这种茶叶"大白于天下","一种叶子白化的绿茶"——这十足的大白话,不仅引人注目,还能传达特色,若是起名"安吉绿茶",名称上没特色,大家听到时感觉不到差异化,也难以提起兴趣,品牌传播的难度、品牌推广的成本都会高很多;若是叫"安吉白化茶",又会使人产生不好的联想。所以这两个效果都不好。

再如,我们在精心调研之后,为客户创造的世外茗源、市外茶源等一系列品牌，让人一看就知道这是个"茶叶品牌"，不是其他类别的品牌。若是弄一个"农夫家园"，虽然可以让人联想到农业，但不能令消费者第一时间识别你的行业特征，如果再弄一个"斯浪不特牛"，则更会让人觉得云里雾里。这是个比较极端的案例，主要是为了让大家明白这个道理，一般不会有人来用这样的名称。

第二，朗读成本。

若是你取一个品牌叫"斯浪不特牛茶"，不仅识别成本高，使人很难听音辨字，读音更是非常拗口，类似还有很多拗口的品牌，使消费者读起来就心生厌烦，更谈不上带动销售了。

相反，天福茗茶、八马茶业、大益茶业、谢裕大、黄山毛峰、西湖龙井、祁门红茶等则更容易朗读。对消费者来说，他也不会去多想，读着方便、读着顺口就好，不需要做过多的分析。

第三，记忆成本。

茶叶市场上有那么多品牌，在不提醒你的情况下，你能记住多少没有打广告的品牌？那么，请你再继续想一想，反复打广告的茶叶品牌，你又记住了谁？

还有，我们在阐述"朗读成本"的时候，你又记住了哪些品牌呢？

第四，传播成本。

品牌必然会被传播，也必须要被传播，才会不断提高影响力。无论是采用何种形式的传播，都会涉及成本问题，尤其是口碑传播时，传播成本就显得更重要了。

例如有这样一个场景，大家在一起喝茶，朋友问你："这茶不错，你是在哪里买的？"你说："在斯浪不特牛茶叶店买的。""什么茶叶店？"朋友疑惑地问。

"斯——浪——不——特——牛——茶——叶——店。"你放慢速度、耐心地重复了一遍，但朋友还是没有听清楚，于是你继续说："斯浪不特牛茶叶店，斯是斯文的斯，浪是浪花的浪，不是不能的不，特是特别的特，牛是黄牛的牛……"

实在讲不清楚的时候，你就不得不写下来或发个信息，让朋友看看。

相反，若是说"天福茗茶"买的，朋友基本一下就听清楚了，即使不知道"天福"是哪两个字，你也可以非常快速地解释清楚："天空的天，福气的福。"朋友也就马上明白了。

有了对比就很容易看出来，"斯浪不特牛"茶叶店口头传播的成本太高，但口头传播是非常重要的一种形式，朋友之间推荐品牌，就是要靠"口头传播"。

谈到这里，我们再想想，小米手机、苹果手机、滴滴打车、钻石小鸟、阿里巴巴、淘宝、宝马、奔驰、罗辑思维等这些品牌，自然会更加明白什么叫"低传播成本"。

上面列出的这些品牌，大多数人都可以在第一眼便将其记住。

当然，传播成本的理解方式有很多，记忆成本也会影响传播成本，这里只是一种，目的还是提醒茶商重视茶叶品牌名称。

第五，理念认知成本。

理念认知成本主要是指理念传达或认知所需要花的时间和精力。这一点与沟通有关，但比沟通成本的含义要狭窄，暂且用"理念认知成本"这六个字来表达。

第六，容器扩展成本。

容器扩展是一个形象的说法，品牌名称就像一个"容器"，必须能够在很长一段时间内容得下品牌创始人的"理念和梦想"，从阿里巴巴到小米，这些名字看起来简单，却融入了创始人的"理念和梦想"。

例如，百度百科的"阿里巴巴"词条显示：阿里巴巴创始人马云觉得世界各地的人都知道有关"阿里巴巴"的故事，而且大部分语言也存在类似的读音，因而将公司命名为阿里巴巴。电子商务是一门全球化的生意，所以我们也需要一个全球人士熟悉的名字。阿里巴巴意谓"芝麻开门"，寓意这个平台将为小企业开启财富之门。

茶叶品牌最初命名时，也要当作一个"容器"，不仅是一个很容易容纳创始人"理念和梦想"的容器，而且还要能够随着品牌的发展，不断承载新加入进来的新"理念和梦想"。

例如，茶叶界很多关于"香"的品牌名称，这个"香"，那个"香"，一个"香"接着一个"香"，虽然可以拿来装一些"理念和梦想"之类的文化，但总显得"很难"，外人理解起来甚至会觉得"牵强附会"。

巧妙"造词"的四个关键

品牌命名就是要寻找对品牌成长有利的"信息包",然后巧妙地"造词"。这个"词"不仅要彰显自己的优势,还要便于消费者在第一时间识别、理解自己的优势。

关键一,"造词"要与时俱进,适应时代的要求。

一个时代有一个时代的喜好。现在若为一个品牌取名,你可能不会再为一个包子取名"狗不理",因为时代变了,要降低各种各样的成本,我们对品牌命名就必须有新的要求。

例如,在二十世纪七八十年代,为服装品牌取名"雅戈尔",这是"青春"一词的英文直译,你看到就会觉得这个品牌很洋气,还可能产生很多联想,就像"皮尔卡丹""阿迪达斯""桑塔纳""维多利亚的秘密"等。但是,随着时代变化,如今的你会怎么想?

再如,有两个服装品牌叫"无用""例外",不仅品牌名称有个性,而且在现代优雅女性圈内快速走红。但换作三十年前,你会为服装品牌取名"无用""例外"吗?

我想,多数人可能都不会。因为,三十年前流行的元素是"洋气",哪怕是表面上的"洋气"。虽然今天也有很多人依旧"崇洋媚外",但是表现形式不一样了,单单靠一个洋名称很难吸引人,必须有系统的支撑才行。

这就是时代的差别。品牌名称要符合当下消费者的审美标准,还要适应消费者当下的需求。

关键二，搞清楚自己的特色和定位，寻找适合的"字词"。

根据品牌定位打造出来的品牌名称，可以直接占领制高点，并且最好是根据品牌的要求，尽力占领最高点。

例如，"虔龙"是"乾隆"的谐音，看到"虔龙黄茶"就会令人想到"乾隆黄茶"，直接彰显"虔龙黄茶"的高端形象。

这个过程中，既不需要解释，也不需要引导，你要表达的特色，消费者马上就知道，有效降低了时间和经济成本。

这正是很多品牌没做到的，所以我有时会非常残酷地告诉一些经营者"你的品牌必须换"，但是很多老板觉得难以接受。也许是感情上的，也许是别的原因，但不管怎样，不换必然存在隐患，以后也会付出更惨痛的代价，这是眼光和判断力的问题。

关键三，站得足够高，立足长远做出分析和判断，为品牌抢占先机。

例如，"语堂奇兰"之"语堂"，大家都会想到"林语堂"，而林语堂是国学大师、文学大师，所以我们更能感觉到品牌的内涵和档次，而"语堂奇兰"正是林语堂故乡——福建平和的一个茶叶品牌。

"语堂奇兰"这个品牌名称是我们在2018年为客户创造的。当时，我们不仅对"语堂"一词本身做了系统分析，而且将与其相关联的目标消费者分析，这依靠的是眼光和判断力。

事实上，不仅品牌命名需要眼光和判断力，品牌传播也同样需要眼光和判断力，才能创造经典。

什么叫经典？时间验证的才叫经典，就像"虔龙黄茶""语堂奇兰"等品牌的命名，就是非常经典的品牌命名。因为品牌悠久的时间一直在不断地告诉你它的内涵，以及品牌效益、品牌传播成本等。

关键四，"造"了"词"之后，还要"洗词"，即洗去之前的含义，巧妙地赋予新的含义，让"词"重新"生长"出新的内涵。

例如，"狗不理"不再是贬义，而是一种有趣的、可爱的称呼，令人愉悦。

再如，"褚橙"这个品牌名称是在"褚时健"和"橙子"两个词的基础上，逐步造"造"出来的词。褚时健老人种的橙子很著名，被叫的时间长了、次数多了，也就渐渐省略了中间的文字，成了"褚橙"，于是"褚橙"这个词也就自然而然地就产生出来了。品牌的人格化特征随之跃然纸上，让人感觉很亲切，若是了解背后的故事，则更会增加一分敬重。

又如，"小米"以前是粮食的一种，从前提到"小米"就会想起"小米加步枪"，现在的"小米"已经是一个非常知名的品牌，我们想到很多产品，从手机、手环、路由器到空气净化器，还有充电宝、电视机等，你能想到的很多产品小米都有，甚至包括装修服务，等等。

成功品牌必有"战词体系"

造出来的词，除了品牌名称，也可以是品牌传播事件的名称，还可以是沟通过程中的造词，例如吃家具、白茶娶妃、潘安卖茶、绵羊革命、珠钻之争，等等。

古今中外的成功品牌，不仅要创造品牌名称这个词语，还要制造传播事件的词语。更重要的是，品牌要有自己的一套"词语体系"，一定是自己的，不是别人的。这是为什么？因为话语的背后是思维方式，没有"词语体系"的品牌，不可能有自己的思维方式，更多的是人云亦云、随波逐流，很难建立自己的特色。

例如，很多品牌不会独立思考，一切都是抄袭别人的，这种现象在很多行业中都存在。今天这样抄袭，明天那样抄袭，销售员这样抄袭，老板这样抄袭，结果是大家一起抄来抄去，行业被搅得一塌糊涂。

可以说，很多品牌没有竞争力，销售力平平，持续不下去，就是因为"词语体系"混乱，没有创造与产品匹配的"词语体系"，也没有及时更新、持续丰富自己的"词语体系"。

这个问题之前并未受到重视，原因主要有两个。一个是当时信息网络没有现在这么发达，除此之外还有一个原因，比如从前"搞定"几个人，维系几个大客户就不愁业绩了，现在则需要"搞定"很多人，并且要采取公开透明的方式维护住这些客户，这就是互联网催生的时代变化。

另外，还有一点也很重要，对于单次消费金额小的商品，也要密切注意建立"词语体系"。很显然，经济低迷期，竞争加剧，消费者购买商品时也越来越谨慎，品牌营销则更需要精细化的"词语体系"，以及精细化的"词语管理"。

当然，无论怎样，品牌的大前提都必须根据自己的特色，系统建立自己的"词语体系"。若是这个"词语体系"有足够的战斗力,那就可以将其称之为"战词系统"。

"战词系统"成功建立了,也就顺势有了品牌自己的话语体系,说话的思路一定会越来越清晰。

久而久之,大家说话也好,做各种形式的宣传也好,都有了非常明确的标准,品牌沟通的成本越来越低,销售自然就会越来越顺畅,品牌力越来越强,这是品牌生存发展和转型的重要根基。

"词语体系"是个非常基本的问题,但很多企业并没有给予重视。

当然,这个"词语体系"不需要做得100%精准,也没有办法做到100%精准,必须不断地变化,因为品牌营销是一门实践课程,必须在实践中不断验证,尽力多用"脑子",不断地微调,再加上合适的"票子",才能结出品牌这个"果子"。

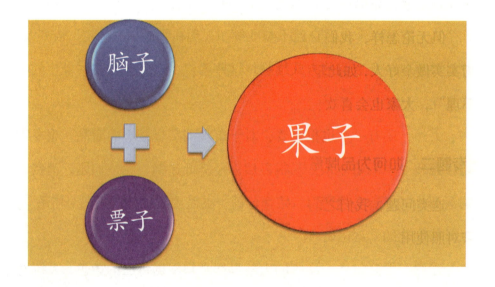

所以，这套"战词体系"都必须结合企业的各个层面，在实践中用好，不断地调整，做出好的结果，才算是有用的，否则就是瞎子点灯白费蜡。

不光是企业，个人也要注意自己的"词语体系"。

对于个人来说，词语是来自内心的，要做个有心人，只要内心改变了，对外在事物的感觉改变了，用词也会跟着改变。

例如，当你在孩子面前发怒的时候，你要想想造成你发怒的根本原因是什么，这一点与面对顾客的道理是一样的。看到背后的原因，真正想通了，感觉改变了，你的怒气就会减少许多。换个位置也是一样的，也就是说，你让顾客明白了原因之后，顾客也会反过来理解你的。

品牌营销的过程中也是这样，都是用一连串的"词语"构成的，用好了，用顺了，用到顾客"心"里去了，大家都喜欢，反之则不喜欢，就是这么简单！

但无论怎样，我们必须要做个有良心的人，一切都由心出发，切切实实做个好人，如此坚持，再辅以必要的技巧方法，品牌纵然是"狗不理"，大家也会喜欢！

专题二 如何为品牌做定位

这类问题，我们之前曾多有论著，这里提供四个工具图，以便大家对照使用。

谢付亮·品牌定位工具图(一)

谢付亮·品牌定位工具图(二)

谢付亮·品牌定位工具图(三)

谢付亮·品牌定位工具图(四)

延伸思考：茶叶品牌定位如何"以偏概全"？

定位就是从竞争的角度出发，在消费者的心目中，为品牌找到一个独一无二、富有价值的位置。必须注意的是，这个位置要同时满足两个条件：一是要"独一无二"，不能盲目跟风，没有高度；二是要"富有价值"，不能赔本赚吆喝，只挖井却见不到水。

"天生我材必有用"这句话还原了这个世界的公正性，也增强了大家的信心：每个人都有适合自己的定位，每个品牌也都有适合自己的定位，关键是要找到这个定位并夯实。很多品牌在确立定位的过程中，包括远卓操作的众多茶叶品牌定位，都采用了"以偏概全"的策略，茶业界的决策者们同样值得借鉴。

例如，采用此策略比较常见的是日化产品。海飞丝的广告诉求主要是其去屑功能，但是它的功能却不仅是去屑一种，加了薄荷就可以"清凉"；飘柔的宣传主要诉求柔顺功能，但是它在包装上的功能说明中也明明白白写着"去屑"；众多牙膏品牌在诉求防蛀功效时，也不会忘记在包装上说明自己的其他功效。这些都是"以偏概全"的实例。

那么，在塑造茶叶品牌的过程中，我们应该如何利用"以偏概全"策略呢？

首先，"以偏概全"的基础是"实事求是"，一切都要以事实为基础，不可瞎编乱造，脱离实际。

"以偏概全"只不过是在表达的时候，有取有舍、有主有次而已。换言之，作为独立的茶叶品牌，大家各自找到自己最大的亮点，或者说是各自找到对自己最有利,同时又能够帮助消费者、为消费者带去利益的位置。

为什么要这样做呢?

第一,消费者喜欢简单,痛恨复杂,品牌与消费者的沟通过程中,尤其是在初期沟通过程中,说得越多,反而是"得到越少",最佳策略是应该择取重点,不要展示太多优势。第二,宣传过多的优势,不利于消费者记住你的品牌优势,也不利于记住你的品牌名称,毕竟消费者的记忆力是有限的,对你的关注度也是有限的。第三,人的能力是有限的,品牌优势也是有限的,不可能处处领先,这种谦卑的态度是一个品牌长期存在、健康发展的根基,这个简单的道理决策者不应等到品牌消亡的那一天才明白。

其次,洞察人性是茶叶品牌定位过程中,做好"以偏概全"的关键。

决策者要通过各种渠道学习和思考人性,了解消费者接受一种产品或一个品牌的过程,以完善自己对消费者的认识。而且,所有决策者都要做充足的市场调研,从消费者的生活习惯和心理特征出发,不能与之相违背。同时,洞察人性之后,更要严格遵循道德标准,不能抓住人性"渴望神话"的弱点,就昧着良心制造奇迹,渲染神话,鼓吹神话。

假设一个例子,如果一种茶偶然医治好一个人的高血压,还不知是不是"巧合",决策者却捕风捉影,以偏概全地鼓吹饮用这种茶的治愈率是百分之百,这就是不道德的"以偏概全";再假设,如果一种茶的饮用者中，只有几个人达到了减肥效果或保持了苗条身材，决策者却以偏概全地鼓吹，饮用这种茶的消费者百分之百都能达到理想体重。诸如此类的做法，都是不道德的"以偏概全"，必须杜绝。

再次，"以偏概全"的"偏"必须具有差异化，能够凸现产品或服务的特征。

这里需要注意的是，销售者必须站在消费者的角度，运用消费者容易理解的语言去精确地表达，通俗地表达，持续地表达，以便于消费者对其认知和传播。同时，这种差异化不能偏离既有产品或服务太远，务必以既有的产品或服务为基础。例如，在远离城市的茶叶产区，打出生态牌，大家便会相信；若是茶园位于闹市区附近，再打出生态牌，恐怕就有点自欺欺人的感觉了。令人感到可惜的是，茶业界类似的做法却并不罕见。

充分利用现有条件，做足差异化工作，能够有效杜绝无形资源浪费。例如，我和张之闯先生曾提出："有些茶叶品牌有着一定的差异化基础，具备丰富的文化内涵，有着独特的生态环境和文化背景，也有着较好的发展历史和公共品牌支撑。然而，这些差异化的内涵未能被很好地挖掘出来，也未能有效地将其展示出来，白白地浪费着品牌的无形资源。"这类无形资源都能为茶叶品牌成长提供丰富的营养。

最后，"以偏概全"是一种"舍得"的智慧，也是一种"出牌"的智慧。

什么时候该舍弃你的绝大部分优势，只拿出其中一种，这是"舍得"；什么时候该拿出"备份"的品牌优势，持续不断地与消费者做沟通，逐步让消费者了解更多的优势，这是"出牌"。"舍得"与"出牌"是茶叶品牌运作的左右手，都需要决策者在品牌运作过程中权衡，才能最大化地利用品牌资源，推动品牌快速崛起，从而拉动茶叶销售业绩的增长。

三 焦点问题分析

焦点一 太平猴魁为什么败给大红袍

太平猴魁为什么会败给大红袍？

在调研路上、办公室里，我一直在反复思考这个问题。

大家一定会觉得不理解为何我要把这两种茶相提并论，因为以下三点原因。

其一，它们颜值都低，猴魁是扁平的叶子，有点儿长，大红袍则是外表粗枝大叶，通体乌色，都不像其他绿茶的芽尖，看起来不那么玉树临风、英姿飒爽。

其二，太平猴魁和大红袍，都是土豪，不少产品的价格堪比苹果手机中的土豪金。

其三，大红袍是"土豪中的王者"，不仅价格早就飙升到了"10万+"，而且走遍全国，不知道大红袍的人少之又少，相比之下，太平猴魁却逊色很多。虽然它头顶"中国十大名茶"之一的殊荣，又披着鲜艳的盖头，但还是有很多人不知其身价几何。

太平猴魁是中国历史名茶，创制于1859年。1915年，太平猴魁在巴拿马万国博览会上荣获金质奖章。1955年，太平猴魁又被评为全国十大名茶之一。

大红袍，产于福建武夷山，属乌龙茶类，品质优异，传说明末清初即有其名，1921年蒋叔南游记中有提到武夷山数处有见，如天心岩九龙窠（即有摩崖石刻"大红袍"三个字之处，传系1927年由天心寺僧人所刻）。

那么，太平猴魁为什么会败给大红袍呢？

● **格局**

太平猴魁是地方茶，大红袍也是地方茶；太平猴魁产量有限，大红袍产量也有限；黄山是名山，武夷山也是名山；黄山曾经交通不便，武夷山也曾交通不便，等等。

但是，二者的格局不一样。例如，大红袍为代表的岩茶，不管是有意还是无意，人们都是从全国乃至世界的高度来看"大红袍"，例如尼克松与大红袍的故事，军阀与大红袍的故事等。太平猴魁为代表的安徽茶虽然资源异常丰富，却未能从足够的高度来释放品牌的能量。

品牌

品牌的基础是产品"出众"，然后要"出名"，贯穿始终的"出谋"思维，这是本书重点探讨的核心问题。

例如，大红袍自己的宣传就是"乞丐的外表、皇帝的身价、菩萨的心肠"，何等诚恳，何等自信，又是何等生动？而猴魁呢？至少在公开的资料中，没有生动化的表达。即使要生动化地表达，也不能抄袭大红袍了，否则会被人笑话。

出众，不仅仅是企业的想法，更要是消费者的想法。消费者的想法从哪里来的？还不是企业根据产品的特色，"一步步引导"出来的。但请注意，这个过程中，你必须要实事求是，尤其在今天这个移动互联网催生的"村落时代"。

运营

有了大格局，有了大品牌，还需要我们脚踏实地去运营。例如，你要有方法让更多人愿意来到你的茶叶店中，或者说来到你的茶厂，坐下来品尝你的茶。

再如，产品和旅游如何更好地相互促动；地区文化和茶文化如何相得益彰；又如，你怎样让消费者心甘情愿地为你做口碑，愿意拿着你的茶去走亲访友,等等。这些都是具体且重要的事情。

在这些方面,大红袍做得非常巧妙,例如。看完张艺谋执导的《印象大红袍》,即使不会立刻就去买大红袍,也会想要尝尝大红袍的味道。赢得消费者的兴趣和时间,才有更多的机会。

读懂这些,太平猴魁就可以深入调研,结合自己的资源和时机,改变现状、借势逆袭,甚至在未来赶超大红袍。

焦点二 茶业如何破解"黔徽困局"

贵州,茶园面积大,茶叶产量高,但产值低,卖茶难,这是"黔茶困局"。

安徽,以前的十大名茶此地就占了四个,曾经很辉煌,现在的品牌影响力却大不如往日,这是"徽茶困局"。

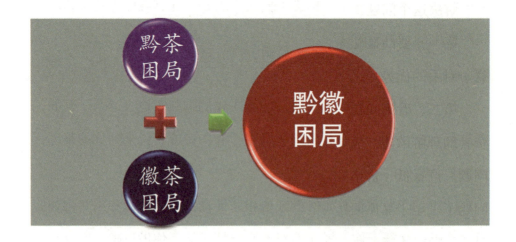

将"黔茶困局"和"徽茶困局"合起来，就是中国茶业界的"黔徽困局"。

"黔徽困局"非常典型，延伸开来，就是新品牌如何拓宽市场，老品牌如何重塑往日的辉煌。归根结底，是提高茶叶品牌影响力，让卖茶更顺利，造福更多的茶农和消费者。

此局要如何破解？我们以两位茶商的问题为例做简要分析，以期抛砖引玉。

问题一：贵州省铜仁市梵净山周边区域的茶该如何定位？如何解决茶叶贵、产量低、品质无法长效把控等问题？

这个问题是"贵州茶叶如何赶超西湖龙井"内部报告中读者提出的问题，为便于阅读，我对问题的表述做了调整。

定位必须做足调研，企业内部资源、茶区环境、茶叶特色、竞争对手等，都要做系统的了解，绝非一句话那么简单。

解决这个问题至少要把握三个要点。

第一，要凸显梵净山周边区域的茶叶优势，同时又能避开或弱化竞争对手的优势。

第二，看到问题的实质，定位要具有显著的差异化，能够激发消费者的理解欲望。例如，该地区茶叶贵、产量低，本质上就是效益的问题。产量低、价格贵，若能卖得出去，有效益且能持续，也就不是问题了。至于品质问题，则必须尽力把控，不能因为人为因素伤害了品质，若是不能避免的天灾，只能丢车保帅，以消费者利益为重。口碑，永远是最重要的，切不可因小失大，更不能损人利己。

第三，不能仅仅考虑贵州，还要兼顾全国的茶叶。茶叶的竞争，既要考虑"地方土特产"的因素，又要考虑到"选择全国化"的因素，做品牌定位必须"三立三跳"，即立足区域，跳出区域；立足特性，跳出特性；立足茶叶，跳出茶叶。

问题二：徽茶都是绿茶，产品的特色是什么呢？产品销售区域也很小，还是重点抓优质生态有机作为产品特色来宣传。

不少读者都提出来过类似的问题，这里做进一步阐述。

水，在我们的思维定式里能有多大特色？然而，还是有很多品牌不仅做出了差异，而且有的水品牌产值较高，如2016年的农夫山泉，年销售额已经达到了109.11亿元，远超中国茶品牌。

品牌表现上，娃哈哈和农夫山泉不一样；农夫山泉和依云不一样；哇哈哈和怡宝不一样；依云和5100西藏冰川矿泉水不一样。价格、水源、水种等，都可以有区别。可以列出的水品牌很多，产值也都过亿。

茶叶之间的区别，自然要比水大多了。

同类茶叶可以找到差别的角度也有很多，难道还怕找不到足够的特色吗？但找到的特色若能激发消费者的"了解欲望"，增加消费者对品牌的青睐，甚至直接激发消费者的"购买欲望"，那就更好了。

当然，要注意特色不能造假，必须有依据，必须要经得起推敲。切不可一味追求急功近利，反而弄巧成拙。

第三部分
"一分钱"让茶叶名扬天下

移动互联网时代,信息量越来越过剩,传播更要像"铜钱"一样,外圆内方,时刻提醒自己"不忘初心",时刻记得"内穿西装,外穿内衣",不断创新、加大创新,才能让茶叶品牌快速走红,同时要时刻保障宣传的核心内容释放"正能量"。

>>>

一

为什么要"出名"

茶叶为什么要"出名"？茶叶店为什么要"出名"？茶叶品牌为什么要"出名"？类似的问题还有很多，归根到底其实是一个问题："出名"到底有什么用？

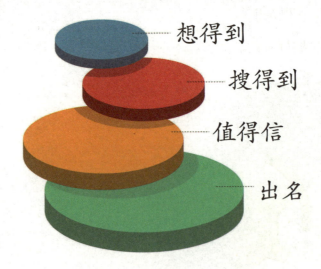

第一，想得到。

出名了，尤其是名气足够大了，消费者买茶的时候就会想到你。例如我在给孩子们讲国学的时候，一个小男孩问我："小罐茶好喝吗？"我问他是怎么知道小罐茶的，他说："广告上看到的。"

试想，如果这位小孩子要买茶，经济实力也允许的话，他首先会想到谁？自然是小罐茶。这就是出名的重要性。

但是，很多茶叶品牌，包括茶叶店和茶企，还达不到这样的知名度，但是可以成为当地范围内比较有名的品牌。

实在做不到的话，也可以成为某条街上比较有名的；或者是成为其他细分市场上比较有名的。

第二，搜得到。

有了一定的名气，消费者可以通过两种途径搜到你：一个是通过网络；另一个是通过亲朋好友的"嘴巴"。

网络，可以是电脑网络，也可以是手机网络，只要能搜得到就好。

至于亲朋好友的"嘴巴"，自然就是指口碑传播。

这里需要注意的是，搜得到的信息，其主要内容必须是你想表达的，而不是消费者都在网络上批评你，或者是在朋友圈中否定你。

如何才能不被批评和否定呢？

自然就要做好茶品和沟通，提供必要的售后服务，各种各样的好口碑也就随之而来了。

万一被批评，则要坦诚以待，做好沟通，以求双方理解，化干戈为玉帛。

所以，请大家认真地看一看、想一想，出名必须有个重要的前提，就是下面这张图。

这张图就是茶业营销的核心。吃饭、喝茶、闲聊、运动时，你都可以不断思考这三个问题。思考越多、越频繁，你所得到的启发及发现的问题也会越多，销售业绩自然就会提高。

营销是一门实践，品牌必须是"野生"的。环境时刻在变，从来就不存在一劳永逸的营销方案，都要在不断实践中完善茶业营销的具体思路和操作方法。

第三，值得信。

还记得第一部分的案例吗？

高铁站的西湖龙井如果出自大名鼎鼎的茶叶品牌，消费者还会有顾虑吗？

即使该茶不是出自大名鼎鼎的茶叶品牌，而是某一家电品牌，比如海尔或美的，消费者可能也会或多或少增加一点信任。

这就是"出名"的重要作用，它可以让茶叶品牌变得更值得人们信任。

二

茶叶品牌传播"八字诀"

移动互联网时代,信息量严重过剩了。

不用列数字,只要我们问自己三个问题,就可以窥一斑而见全豹。

问题一,朋友圈的信息,你每天会看多少?

问题二,即使你坚持看,能从头到尾全部看完的又有多少?

问题三,即使看完,能给你留下印象的又有多少?

大家的答案应该都相似,那就是"很少"。很多信息,已经被我们直接屏蔽了。我曾经在朋友圈发过一个小小的声明——

敬告朋友圈的新朋友:为避免误删,请申请加入本人微信的陌生朋友将自己的姓名和一句话简介告知本人。谢谢大家的配合。祝大家一切顺利。

为什么要这样做?

越来越多的陌生朋友加进来,一句自报家门的话都不说,直接向我抛出要请教的问题:公司刚成立,品牌怎么做才能更省钱?你对中国建筑钢结构行业怎么看?茶叶品牌成功的关键是什么?珠宝业还有机会吗……

还有更直接的，验证通过之后，直接推送一条广告。然后，再群发一条牛头不对马嘴的问候，我只能笑着回复一句"谢谢"，然后默默将消息删除。这只是冰山一角。我们每天接触的信息量太大了，用良莠不齐来形容已经太客气了，可以说更多的都是垃圾信息。

那么，在这样的移动互联网时代，自媒体汹涌澎湃，权威媒体渐渐失去往日的威严，传播变得越来越碎片化、去中心化。那么，我们应该如何做传播才能花钱少、效果好呢？关键是八个字："内穿西装，外穿内衣。"

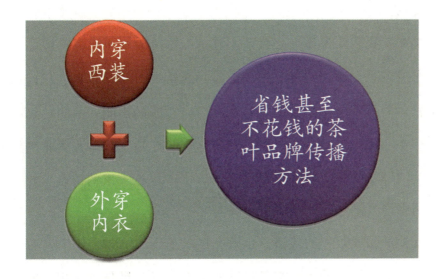

按此方法做品牌传播，不仅有效，而且成本极低。

如何理解这八个字？

我们先来谈谈"内穿西装"。"西装"属于"正装"，所以一定要精选布料、精工制作，"内穿西装"是指传播的内容必须"正"，必须对受众有益，绝不可"邪"。同时，传播的内容亦必须"精"，精挑细选，精心创作，绝不可粗制滥造，更不能对受众造成伤害。

打个比方，我们要为《活着要懂添加剂》这本书做传播，前提是这本书必须是好书，传递的必须是"正知正念正能量"，必须能够帮助消费者认识添加剂乱象的台前幕后，让消费者懂得如何在日常生活中与添加剂"和平相处"，从而生活得更健康更有品质，否则就别做任何传播。

再如，我们要为《推心置茶》这本书做传播，前提也一样是必须要让书的内容充满正能量。市场经济越来越走向"善商时代"，我们要引导茶商去做一个会赚钱的好人，然后才能去传播。例如，我们强调要"不忘初心"，真心去服务顾客，茶商才能掌握书中快速提高销量的22种绝妙思维，否则茶商就会误入歧途。

所以说，做好人比赚钱更重要！

其他产品或服务的传播，也是一样的道理。例如，如果要为一个茶叶品牌做传播，前提必须是茶叶质量好，以次充好、农残超标、潘安卖茶的茶叶，就绝不能为之做传播；再如，我们推出的"国学智慧与茶叶品牌营销实战"系列培训课程，都要以实战、有效为核心，才能不断对外做传播。

下面,我们再来谈谈"外穿内衣"。"内衣"穿在"西装"外面是指传播的形式必须"奇",出奇才能制胜,才能快速吸引人的注意力,否则就不能吸引潜在的消费者。吸引不了潜在的消费者,内在的"正"就不可能被其了解,产品或服务也就失去了被认可或被购买的机会。

例如,2009年"白茶娶妃"事件发生,挑起了茶叶与咖啡之争,以远远不到一百万元的投入,就至少创造了数千万元的传播效果,而且随着时间的推移,"白茶娶妃"创造的价值越来越大。2015年,中国茶叶区域公用品牌价值评估结果显示:安吉白茶品牌价值29.1亿元,连续6年跻身全国茶叶品牌价值十强。虽然促使安吉白茶品牌价值提升的因素很多,但"白茶娶妃"事件功不可没。

必须重点提醒,"外穿"的"内衣"不能随便穿,必须严格坚持两个原则。

原则一:不要标新立异,要保持传统。换言之,就是吸引眼球的创意要有度,必须合法,必须遵守社会公德,不能对社会造成"污染"。

原则二:不要"科技与狠活",要健康环保。通俗地说,就是吸引眼球的创意或观点,必须是健康的,不能对受众造成潜在的伤害。

现在,一切都明白了。不会"外穿内衣",传播过不了今天;只会"外穿内衣",传播过不了明天。就像一些"标题党"文章,我们都不喜欢,其可能过得了今天,但过不了明天,更不会有未来。

为了帮助大家记住移动互联网时代的传播策略,我们在此请大家再安安静静地想一想中国的铜钱"外圆内方"的造型。

现在,可以联想到什么?

古时候,人们天天使用铜钱,自然会获得一种含蓄而持久的"提醒":做人外圆内方,即内心要正直,外表要圆通。

内心正直是为了美好的未来,能更长久的立足,外表圆通则是为了当下能在这个社会立足。否则一个浑身都是棱角的人,必然会四处碰壁,过不了当下,又何谈未来?

传播的策略也是这样,无论是广告传播,还是新闻传播,抑或是其他形式的传播,都要这样去做。

尤其是移动互联网时代,信息越来越过剩,传播更要像"铜钱"一样,外圆内方,时刻提醒自己"不忘初心",时刻记得"内穿西装,外穿内衣",不断创新、加大创新,才能让茶叶品牌快速走红,同时要时刻保证宣传的核心内容释放"正能量"。

阅读至此,可以结合"白茶娶妃、潘安卖茶"等案例资料一起阅读,本书不再赘述。

三 专题分析

专题一 传播要拥抱社群 4.0

人天生喜欢群居，大家住在一起，热热闹闹，很开心。

人少了，尤其是一个人，就会显得很孤单。移动互联网让人们重新回到了社群时代，这点是值得每位茶商重视的。但请注意，社群一直是存在的，从古至今，从国内到国外，到处是存在的。

部落这个词大家还记得吗？学历史的时候，我们都知道，原始社会是以部落为基础的，部落与部落之间也经常发生冲突或战争。

人性一直没变，以后也不会改变。

对人的约束工具变了，犯错的代价也在改变，人看起来好像变好或变坏了，其实人的本性一直都是这样的。

不约束、不教化，人就有可能露出坏的一面，滋生出"恶"来。

那么，要提高知名度，茶商该如何做好社群营销呢？

首先，我们来看看社群的三个阶段。

第一阶段，以地理为标尺。

通俗地说，就是因为大家居住距离近，往来比较方便，也就组成了社群，这样相互沟通也会更方便。这个时期的社群，很多是以血缘关系和地缘关系为主，就像张家村、李家集、王家屯等，这种都可以看作社群。

第二阶段，以事理为标尺。

后来，有一些人，可能本来就是朋友，也可能经亲友介绍认识，大家要做同样的事情，就结合在一起，形成了一个社群，比如说一些早期的同学群，大家在一起共同学习，就是类似的社群。

至于现在的微信同学群，尤其是分别多年的同学群，则大多是第三阶段了，咱们下面再说。

第三阶段，以心理为标尺。

出于心理上的认同，比如爱好诗歌、散文或某一类电影，这样也很容易形成社群。

除此之外，因为一些共同的经历，比如一起学习、参军或打工，就容易形成心理上的认同。

上一段谈论的微信同学群，多半是出于心理而结合的社群，因为大家在一起学习，甚至住在同一个宿舍，在同一个食堂吃饭，自然就有着很多共同的回忆。

其次，我们再来看看茶业社群营销传播的做法。

上述社群的三个阶段，从来不是孤立的，只是某一阶段以某个元素为主，或者是由某个元素主导而已。

农业社会的茶业社群，可视为社群 1.0；

报纸、电视、广播出现之后，可视为社群 2.0；

互联网出现之后，可视为社群 3.0；

移动互联网，彻底联通了人与人，让大家做到无缝联系，信息沟通也几乎可以实现无缝对接，它和 PC 互联网有着极大甚至是根本性的差异，所以将其视为社群 4.0。

社群 4.0，沟通无障碍，物流很发达，时间、空间都不再是问题，这时候的茶业营销必然要重视人的心理和感情。

这个和以前不一样，以前重视心理，往往是拿来"利用"，赚到钱之后就一走了之。

现在必须要视人若己，和消费者真心处在一起，推己之心置于茶上，也就是"推心置茶"，才能长期稳定地做好生意。

这个阶段需要技巧，但更需要真情实感。胡乱包装出来的感情，是没有发自内心的，不可能有真正的生命力。

真正的生命力，来自真正对人的尊重，这个时候若是辅以对人性的了解及相关的技巧，才是有用的。何为主，何为次，必须分得清，否则必然做不好社群营销。

那么，具体该怎么做呢？这就要一点点聚集相关的人群，选取你的茶能够满足你所倡导或推广的消费心理。要靠口碑去聚集，这样才能扎实，就像《茶商八部》系列图书，都是靠口碑聚集起来，我们为了写书，投入巨大的精力和物力，也舍弃了很多，付出了很多，只有这样做才能问心无愧。

就像做茶也是一样，有些茶看起来差不多，但每斤售价1000元和50元的，差别还是很大。做茶、写书和做咨询服务，都是这个理，世界上的道理都是相通的，即所谓一分价钱一分货。

当然，所有的区分意义并不大，最重要的还是要实践。这种区分最大的作用，是让销售者能老老实实地对待消费者。

营销传播，请重视社群4.0。

我们实际在用到这一点的时候，还要根据自己的茶叶特色和地理位置，找到操作的方法，也就是如何才能利用好社群概念，打好社群牌，吸引消费者，持续不断地提高茶叶销量。但要注意一点，必须回归正道，不能想歪点子。

专题二　马云和刘强东，茶商更应该向谁学

市场是江湖，有刀光剑影，也有捕风捉影。刀光剑影的背后是品牌；捕风捉影的背后是消费者。

市场竞争，最终要落到品牌之间的竞争，而品牌之间的竞争，必然会涉及话语权的竞争。

下面，我们先来看看很早以前的一个事例。据京东官微报道：2017年11月3日，刘强东在湖南益阳首届生态农业智慧乡村互联网大会上突然感到身体不适，中断了演讲，后来据京东发言人发布微博称，刘强东晕倒的原因是因工作日程安排太过紧密，导致来不及吃饭造成了体力不支。这个事件很励志，但围绕刘强东险些晕倒之事，一堆堆"捕风捉影"的段子出来了，不少人说和"奶茶"有关系，但更多的是"科学分析"或"科学猜想"，不少专家甚至还给出了养生建议。

再来看下一个例子。据网易2017年11月5日报道：华语乐坛被横空出世的"马菲组合"一曲《风清扬》震惊了，这首由马云和王菲共同演绎的新歌于11月3日晚在网上一经首发，便吸引了众多歌迷。而这首歌将用于电影《功守道》并作为主题曲……

马云先生越来越励志。尤其是他长期以来，数次邀请王菲合唱的精神，百折不挠，终于靠着"二两小酒"，实现了"惊炸了"的听觉效果，朋友圈顿生一堆堆"捕风捉影"的感叹和评论。

有新闻,才有关注;有争议,则更有关注。话题不断,争议不断,才会关注不断……

有关注,才有传播,才更有话语权,品牌才更有意义,与之相关的促销才能有更大的转化。这才是王道,品牌生存与发展的王道。

移动互联网时代,更是如此。至于文化、兴趣、理想,其他人的指指点点,嬉笑怒骂,统统都是其品牌成长路上的营养,抑或是砖瓦基石。

尤其是,当消费者越来越理性看待"双十一"购物节的营销策略,相关的负面新闻也可以轻松被搜到,品牌更需要打破常规的"正能量""新能量",为品牌成长注入新的活力,开拓新的路径。

就如马云唱歌,消费者听了皆大欢喜,"双十一"那天,或许更有可能开着"购物车",获得两大"成功"——登录成功、付款成功。然而,最终发现自己的"不足"——余额不足。

当然,比娱乐更重要的是"走心"。尤其是当一群群大叔和大妈渐渐"油腻"了,渐渐疲倦了,或许只有"走心"才能让人"动心"。

就如险些晕倒的刘强东,无论是什么原因,其折射出的拼命和敬业,都令人心生"柔软的一震",情不自禁地感叹——获得超凡成绩,必有超凡付出。

而这"柔软的一震",或许比马云的歌声更令人感动,也更励志。

当然,对于千千万万茶商来说,实力大多有限,刘强东"走心"的品牌传播策略应该更适合。

具体该如何做?只要将自己辛辛苦苦做茶的经历,有条不紊、持续不断地展示给消费者看,品牌也就能慢慢提升影响力。

四 典型案例分析

案例一 一篇阅读量近 10 万 + 的文章

2017 年 9 月,我写了一篇文章,题目是《方舟子再曝黑茶致癌,化解重在"四个字"》,今日头条上的阅读数是 9.6 万。

方舟子再曝黑茶致癌,化解重在"四个字"!
已推荐 已发表·不投广告·2017-09-14 22:05
推荐60.7万 阅读9.6万 评论598 涨粉42 转发1535 收藏515
修改 转发 更多

原文摘录如下——

据搜狐题为《方舟子直播:任何黑茶都存在致癌问题,普洱茶协会没资格起诉我》的文章报道——

9 月 13 日,方舟子表达了一些观点,其中之一是:不仅是普洱茶,任何后发酵茶(所谓"黑茶"类)都存在同样的问题(生产环节会产生黄曲霉素而致癌)。

不论真假,战线显然是被扩大了,甚至会因此点燃黑茶危机。

从普洱茶到黑茶，九月的中国茶业，争议频频，乌云滚滚，仿佛多了另一种"黑色"。

茶，本是健康之饮，但利欲熏心的人多了，茶也就成了牟取暴利的工具。

茶，就像我们平日里吃的包子、馒头一样，汇入芸芸饮食，有的质量好，有的质量差，决定其质量的关键就是一系列管理者的素质。

我曾想起一位大学同学，在我毕业后给了我极大的帮助，让我度过了那段艰难岁月，每次我想起时心里都涌起一股酸楚。早几年相聚时，他告诉我，他把食品厂转让了，因为他是老老实实做食品，很难与他人竞争。这让我对他除了刻骨铭心的感激，还有久久不能平静的敬佩。

这就是我们面临的现实，你若踏踏实实抓质量，不用那么多添加剂，你就可能活不下去。就像我，不搞潜规则，就几乎没办法接下一些大单。为此，我曾经饱受煎熬……

人生就是这样，一切都是舍得，舍去某些东西才能得到某些东西。

回头看茶，我相信茶本身没有那么严重的问题。

普洱茶以及其他后发酵茶，经过历史的风霜雪雨，只要品质过硬，其功效一定是利大于弊。

馒头吃多了会噎住，变质了也会引发疾病。

酒喝多了会伤身，假酒直接害死人。

甚至辣椒都可能呛死人。

其他食品，也是一样。我们不还是在吃吗？

茶，走到今天，满城风雨，自然不是空穴来风。

离谱的奢华包装，离谱的年份炒作，离谱的高价炒作，离谱的概念炒作，离谱的文化渲染，离谱的……

凡事都有因果，内省才能突破自我。

八年前，我在一部书中解剖中国茶业，到今天很多观点已经变成了应验的预言。去年我指出中国茶业自我救赎的关键是"推心置茶"，即推己之心，置于茶上，越来越多的茶商在阅读后将之当作座右铭。

这一次，普洱茶危机乃至更大范围的黑茶危机，根本的解决理念只有一个——推心置茶。

具体做法是要尊重传播的客观规律，承认存在的问题，拿出过硬的数据，一步步消除恐慌，一步步解决存在的问题，狠下心来提高生产质量，为消费者提供放心的茶叶。

我相信在这次危机中，不是所有的茶商都深受打击。

那些平日里与顾客建立良好关系，与顾客心心相印的，真心为顾客狠抓产品质量的，一定会很快渡过危机，甚至压根就不会陷入危机。

无论如何，请注意——

即使你犯过错，也可以改过自新，从头再来。

消费者是健忘的，时间会冲淡一切，包括曾经的伤害。

只要你真心对他好，他就会回心转意。

这是中国茶产业最大的红利，也是最根本的战略机遇。

良田万顷，日食三餐；大厦千间，夜眠八尺。

何苦要害人害己？

要知道，善恶到头终有报。不该赚、不能赚的钱，一定不要去赚。否则，必将竹篮打水一场空。

这篇文章为什么有如此高的浏览量呢？

我们先来看下图：

第一，借势。

方舟子引爆的黑茶致癌事件本身就是热点，在热点基础上发表观点，自然更容易传播。

例如，文章标题《方舟子再曝黑茶致癌，化解重在"四个字"》，第一时间就能激发读者的阅读欲望。

第二，口语。

行色匆匆的人，不愿意花时间去思考。文章的表达要尽力口语化，便于理解和传播。

第三，情绪。

带着情绪的文字，或喜，或怒，或哀，或乐，大多属于明确立场的文字，更真实，也更容易传播。例如，"从良"的提法就带有情绪，即厌恶劣质茶叶的情绪、厌恶造假茶商的情绪。

第四，生动。

要关注细节，尤其是不为人知的细节，文字会更生动，读者也更愿意读。一旦进入内心，自然就可能被转发分享，影响更多的人。

第五，有趣。

幽默、笑话、搞笑视频，很容易获得转发，点击量和浏览量自然就上来了。但《方舟子再曝黑茶致癌，化解重在"四个字"》一题中趣味性不够，若是添加了"趣味元素"，浏览量会更高。

第六，诗化。

手机屏幕小，人心也急躁，诗化的句子或语言一行行的，阅读起来很轻松，更容易让文字及思想进入人心，随后的转发分享也就变得更有可能。

案例二 被冤枉的"潘金莲"

潘金莲,鼎鼎有名、家喻户晓。

当你知道潘金莲时,她的个人品牌形象基本是与西门庆连在一起的,"离经叛道""恬不知耻",这就是我们对此形象的认识。

为什么我们会这样认为?

这来自第一印象,《金瓶梅》《水浒》等作品都是这样告诉我们的。

然而,品牌的世界里没有真相,只有认知。为什么?因为,我们了解一个品牌,往往是从获得的信息来了解,而我们获得的信息并不一定是第一手的,也往往是不够客观的,尤其是在移动互联网时代到来之前,因此就更难说它是"真相",这就是问题的症结点。

如果现在告诉你"潘金莲"可能被冤枉了,你会不会大吃一惊?

其实,我也是大吃了一惊。冯小刚的电影《我不是潘金莲》上映后,发生了一件令人惊奇的事。据《重庆晨报》报道,一群潘姓族人把冯小刚告上法庭,他们自称是"潘金莲"的后人,要为她恢复名誉。

这是为什么?我们再来看一份资料,据2012年4月23日人民网题为《武大郎原型:家境殷实,与潘金莲白头到老》的文章,以及新华网题为《潘金莲原型:温柔贤惠与武大郎相爱生4子》的文章报道,我们才知道,潘金莲并非荡妇之流。

下面直接引用三段文字,供大家进一步参考:

据考证:大郎武植,系山东清河县武家村人。他自幼崇文尚武,才力超群,少年得志中了进士,在山东阳谷县做知县。资助过武大郎的一位同窗好友因怀才不遇，家境日渐贫寒。于是，他千里迢迢来投奔武大郎欲谋一官半职，摆脱困境。开始，他受到武知县的盛情款待，可过了半年也没听其提及做官之事，他便认为"武大郎真乃忘恩负义之辈"，一气之下，不辞而别。在回家路上，他编写了许多谩骂讽刺武大郎的小故事、歇后语，见村贴村，逢店贴店，村村说唱，乡乡张贴，谣言惑众，极尽对武植恶意中伤污辱诋毁之能事。另外，曾被武植治罪过的乡里恶少西门庆助纣为虐，同流合污，于是也散播了有关武大郎的粗俗之词，武清官的形象被毁于一旦。谁知，待他回到家中，武大郎早已派人送来了银钱，帮他修房盖屋，置买良田。这时，他才发现武大郎绝非知恩不报，而是不搞以权谋私之事。他发疯似的返回去要撕掉自己贴的纸条，但悔之晚矣，它们就像泼出去的水，再也收不回来。加上一些文人墨客借题发挥，因而谣言被一传再传。

阳谷县城东北的黄金庄，便是被武家后人称作"老祖奶奶"潘金莲的家乡。潘金莲并不是潘裁缝的女儿，而是贝州潘知州的千金小姐，是一位大家闺秀。她知书达理，和武大郎恩恩爱爱，白头到老，先后生下4个儿子。在黄金庄正南1.5公里左右，便是武家村。武植的盟兄弟与西门庆一丘之貉狼狈为奸，恶毒毁谤武植与潘金莲，而施耐庵的后代则深明大义，引咎自责，竭力为武、潘二人平反昭雪。施耐庵的后裔，河北威县的施胜辰赴武家村作画16幅并配诗文以道"施家欠债施家还"之歉疚。其中，武县令画像的配诗为："杜撰水浒施耐庵，武潘无端蒙沉冤。施家文章施家画，贬褒迄今数百年。累世因缘今终报，正容重塑展人间。武氏祠堂断公案，施姓欠账施姓还。"潘金莲画像的配文曰："余曾敬绘武潘正传十六幅，端悬于武氏祠壁为其平反冤假错案，一白天下。然九泉武潘不恕吾族先人《水浒传》中泼污之过，故唆使小鬼得遍姿去，余今重塑武潘正容，还其本来面目。愿乞武潘在天之灵宽恕。施氏焚香再拜。"

其他分析，感兴趣的读者可以参考原文。而作者罗文兴在充分分析的基础上，进一步分析指出——

"武植盟兄弟的忏悔，施耐庵后裔的自责，已证大郎、金莲之清白，而武植之24代孙武双福的健在，则更证《水浒传》武、潘之千古奇冤。"

现在的你怎么想？也许你会感叹原来如此，也许你会质疑人民网关于潘金莲的观点，也许还会联想到别的品牌，诸如近期的海底捞的"老鼠"事件，很久之前三鹿牛奶的"三聚氰胺"事件，肯德基的"苏丹红"事件，哈根达斯的"黑作坊"事件，可以列出很多很多……

这些都不是重点，重点是品牌的世界里没有真相，无论是个人还是企业，要成功塑造品牌，你都要认清并重视这个现象。然后，在充分调研的基础上，站在足够高的高度上，提前做好品牌定位，自下而上地做好战略布署。

请茶商注意，要自下而上，不是自上而下。浮夸的人太多，务实的品牌，必须夯实根基。然后还要围绕定位充分整合资源，尤其是要挖掘并整合大量珍贵的免费资源，构建品牌的支点体系，不断运用核链公关策略，进行小本大利的品牌传播，从而快速提升品牌，让品牌形象深入人心。唯有如此，销售者真正好的"内质"才能逐步展示出来；只有展示出来，才有机会被消费者认知到；只有被认知到，才有可能被消费者认可；只有被认可，才有可能有随之而来的购买行为；只有产生购买行为，才能真实促进销售和品牌的提升，以及实质性的品牌价值积累。

当然，无论怎样，销售者必须真的"好"，切不可伪装。

现在是一个透明的时代，好品牌、坏品牌，都不得不"从良"。

这样看来，潘金莲若是生在这个时代，想必就不会和"西门庆"连系在一起，更不用背负骂名了。当然，前提是考证必须属实，潘金联确实是温柔贤惠……

对于移动互联网时代的茶叶品牌而言，要守住良心，确保自己的确有好的"内质"，确保对他人有益。只有对他人真正有益了，一切都会成为顺带的结果。不然，其兴也勃焉，其亡也忽焉！"大厦将倾"的速度，往往比想象的要快！

第四部分 卖茶

"一开口"就让顾客绝对成交

一句话就是一面镜子,可以以小见大,折射出很多问题,或折射出产品品质,或折射出说话者的心态。恰到好处地与顾客沟通,为顾客带去好的消费体验,让顾客一直有超值的体验感,一直处于"满意状态",从而让卖茶水到渠成。

一

顾客给钱之前，先给你什么

茶叶对人的健康是有益的，这点我们大家都知道。当然，不合格的黑心茶除外。但即使知道了茶带来的益处，消费者依旧是不领情，哪怕是你送给他的茶，他还是不喝，或因为没时间，或因为忘记了，总令人很费解！

这样的情景，生活中并不罕见。若不深入思考，任谁都会费解！

健康不是绝对的，需要"对比"。

我也送出过很多茶，或给亲戚，或给朋友，并且建议他们要多喝茶，但很可惜，并非每个人都会记着我的建议，往往是忘了"多喝茶"。

为什么？因为对"他"来说，打着健康旗帜的不仅仅是茶。黑木耳不健康吗？粗粮不健康吗？西洋参不健康吗？水果不健康吗？红酒不健康吗？矿泉水不健康吗？坚果不健康吗？有氧运动不健康吗？适度爬爬山不健康吗？练练书法不健康吗……

不同的人，不同的身体，不同的年龄，不同的场景，不同的心情，甚至与不同的人在一起时，他对健康的理解都不一样。

换言之，对健不健康的理解和判断，存在着很多"变数"。这个必须在销售过程中给予重视。

例如，相对于喘不过气来的"鸭梨山大"（压力山大），抽支烟舒缓压力，在当事人看来，一定比吃水果更有用。

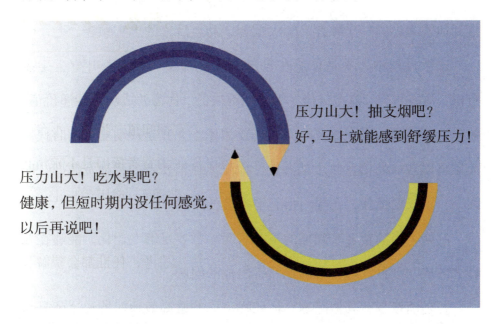

健康是一种选择，需要具体的"对比"和生动的"对比"。

脱离了具体的"对比"来谈健康没有意义，就像喝茶要兼顾考虑个人体质一样，都需要放在一个具体场景中去思考，才能得出一个相对合理的答案。

要抓住这个稀缺的资源，把这个思维转移到卖茶过程中，一个整天匆匆忙忙的顾客，为什么要给你时间，听你介绍茶叶的好？又为什么要给你时间，听你介绍"自家的茶叶好"？消费者面临的选择很多，需要花钱的场合同样很多。

但是，他永远不会增多的只有一种资源：时间！一天24小时，一小时60分钟，对谁都一样，永远不会增多，这才是最关键的。

你怎样赢得他的时间，哪怕是从一秒钟开始？

然后，你再想方设法，把一秒钟变为一分钟，再变为一个小时，直到他成为你的一次顾客、二次顾客，乃至后来的忠实顾客。

这个过程中，不是你站在自己的角度去说"我的茶叶好，生态有机、清香可口、有益健康"等就能解决的。你需要成功地传递价值，但是，这需要沟通，需要时间，需要累积。尤其是移动互联网时代，大家可以获取的信息何止是海量？你要抓住消费者的稀缺资源即"时间"，不仅要抓住，还要对得起消费者的时间。

例如，当消费者来到你的茶叶店时，你要足够专业化，能够在几秒之内或几十秒之内，准确地回答出他的问题。

若是消费者有其他问题，你同样可以非常高效地回答，这就是帮助消费者节省了时间，同时又在帮他解决购物的烦恼。若是你不能有效解决他的问题，他自然会选择离开。

需要注意的是，销售的过程中，你不仅在传递价值，也在创造价值。例如，你恰当的言辞和服务，就能让消费者感到愉悦，自然就为消费者创造了价值。大家的时间都有限，谁都不愿意浪费时间。所以，茶叶销售要先从赢得消费者的兴趣和时间开始，然后通过有效的沟通，传递茶叶的价值及你茶叶品牌的价值。

第四部分　"一开口"让卖茶绝对成交

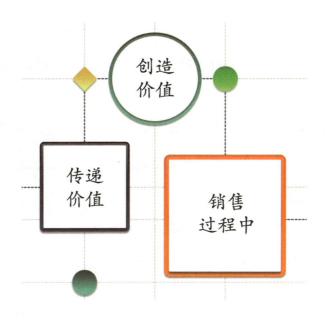

价值传递成功，消费者理解你说的话，就知道你要表达意思了，也自然会认可你的茶叶。只有客户对你认可并信任，他才可能买你的茶叶。

所以，就茶叶店而言，销售的关键点之一在于你必须有源源不断的顾客进入你的茶叶店，从而赢得消费者的时间。

同时，你要有能力在有限的时间里洞察消费者的问题，看到消费者的需求，同时生动地表达品牌和产品优势，这样就能持续不断地把茶叶卖出去。

案例分析　洗手间有什么用？

前些日子，我们去公司附近的一家中式快餐店吃饭。这家店装修一新，格局和之前相比大大改变，满满都是中式风格，档次也明显比以前提高了很多。

我在洗手的时候忽然发现,只有一个漂亮的洗手池,原有的卫生间却不见了。为了避免误判,我找店员做了确认,证实从前的卫生间的确"不见了"。

当时是就餐高峰期,人流量却较往日少了一些,一些座位还空在那里。我不能确认二者之间有什么必然联系,但可以肯定一点,这必然会给很多就餐者带来不便。

我们举办的"国学智慧与茶叶品牌营销实战"卖茶话术咨询式培训课堂上,也有一个与"洗手间"有关的话题。在这里,我们暂且将那家茶叶店命名为 AA 茶叶店。

AA 茶叶店位于闹市区,内部有个洗手间,知道的人会进来行个方便,但不一定会买茶,这的确给茶叶店带来一些麻烦。于是,大家展开讨论,要不要留着这个洗手间,或者说要不要继续"对外开放"洗手间。

回答这个问题之前,我们要讲清楚一个问题。

一家茶叶店要想生意好，在产品品质可靠的前提下，必须有一定的客流量做基础，否则，即使成交率100%也难以提高业绩。

例如来找远卓品牌公司做咨询的茶商，有的茶叶店成交率可以达到70%，乃至更高，但盈利依然不够。为什么？根本原因就是因为没足够多的人进店。

显而易见，保留洗手间，有助于提高客流，也就是人流量。尽管看起来不是每个人都会买茶，但却能提高茶叶店的人流量和知名度，至少能够提升茶叶店的人气。

从前的生意好做，因为商业是功利性的，付出了马上就要有收获，现在的生意难做，变得透明了，讲究的是服务顾客，做好客情关系，就不能再要求"立即有收获"，转而要去想着持续不断地为顾客创造价值。

从前做品牌很讲究品牌忠诚度，但移动互联网让很多品牌信息唾手可得，追求品牌忠诚度的意义越来越小，反而应该是转变思维，要求品牌要忠诚于消费者，要想着为顾客多做些事情，为顾客带去更多的价值。

例如，我们之前在茶商书店销售"制高点"套餐，同时为顾客提供答疑服务，超出了很多茶商的预期，很多茶商自己都感觉到"不好意思"。

所以，茶商也应该想方设法提供增值服务，吸引更多人进店，做好相关的服务工作，然后让销售成为顺带的结果。否则，客人不进来，经营者就算有天大的本领也无济于事。

再回头看看那家快餐店,为了多放几张桌子,连个洗手间都给"省"了,看起来增加了"实用面积",可能会增加营收,却忽视了更重要的一点,即降低了顾客的消费体验,也减少了顾客可能给予的宝贵资源——时间。

没有好的消费体验,顾客不再回头,或减少回头的次数,必然是得不偿失。

这个不是做不做公益的问题,也无关道德水准,而是企业经营的问题。既然你看中经营,想吸引更多的顾客,想获得更多的利润,那就应该想方设法让顾客舒服。卖茶如此,卖其他产品也如此。

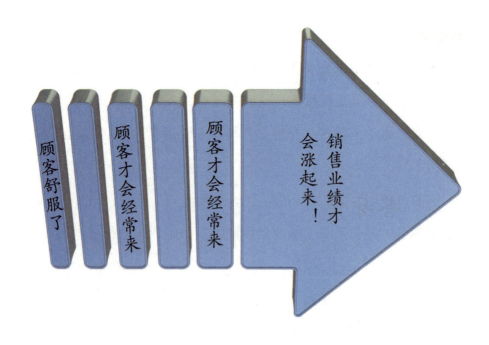

顾客舒服了 顾客才会经常来 顾客才会经常来 销售业绩才会涨起来!

第四部分 // "一开口"让卖茶绝对成交

二

向"金字塔"学说话

一句话就是一面镜子，可以以小见大，折射出很多问题，或折射出产品品质，或折射出说话者的心态。

恰到好处地与顾客沟通，为顾客带去好的消费体验，让顾客一直有超值的体验感，一直处于"满意状态"，从而让卖茶水到渠成。

黄金模式 金字塔模式

今天的生活节奏太快，人与人之间很多都是"初次见面"，说话

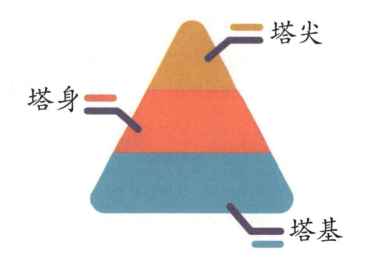

就是别人了解自己的第一扇窗口，一言不合就会"赶走"顾客。我们可以向"金字塔"学习，借鉴金字塔的结构，也可以将之视为说话的"金字塔模式"。

第一层的话语，相当于金字塔的塔尖。

塔尖必须吸引人，能够让顾客愿意听你讲下去。这样你就有后面的沟通机会。

例如，我们在市场调研过程中，有位销售精英分享了她的故事。她看见一位顾客穿着军用的黄胶鞋，就立即看出其是军人，然后站在对方的立场，为其推荐了一款与军人有关的茶叶，迅速引起了顾客的兴趣。

再如，说话的过程就像顾客买茶时要了解茶叶一样，都有一个复杂的由表及里、由内而外、由情到理的过程。当顾客首先看中茶叶的香味时，接着他就要去试试口感，如果二者都令人满意，他买的可能性会更大。

当然，也有一些茶虽然香味一般，口感却极好，消费者就是很喜欢，就像我喜欢喝霍山黄芽，其香味很淡，口感却令人回味悠长。这里说的是相对现象，而不是绝对现象，我们必须具体情况具体分析，才能把握好。

第二层的话语，相当于金字塔的塔身。

塔身必须能加深顾客的印象，让顾客觉得你说的有道理，才能愿意继续听下去。

例如，接着刚刚的案例来说，你看出了对方是军人，这时必须找到"军人"和"所卖茶叶"的关系，然后按照二者的关系去说话。

要做到这一点，你可以多看看书，平时多训练自己。请记住，说话是一门技术，是可以通过锻炼来提高的，但前提是你要多锻炼，不断反复训练自己，尤其是运用"一针见血"的说话技巧，说话水平自然会快速提高。

但也要注意，茶叶店的员工流动性太大，培养好了就会面临流失。比如，找到了男朋友，要结婚，等等。这对自己、对茶企都不是好事情，老板要早做心理准备，并准备好应对之策。

对员工来说，做事情要专心，要踏踏实实地在一个领域内提高水平，这样自己的身价更高，朝三暮四是干不好事情的。真要有不得不离开的那一天，也要好聚好散，为老板多想想，也是为自己留一条后路，山不转水转，说不定将来总会有相逢的那一天。

第三层的话语，相当于金字塔的塔基。

塔基必须扎扎实实，经得起顾客的反复推敲，让顾客觉得靠谱，值得信任，从而愿意购买。

例如，再接着"黄胶鞋"的案例来说，"军人"和"所卖茶叶"的关系必须是实实在在的，经得起推敲的，而不是牵强附会的。案例中的销售员向顾客推荐了军事主题元素的茶礼，二者具有显而易见的联系，顾客自然觉得很靠谱，因此容易接受。

再如，随着这些年大的消费环境变化以来，靠政府采购、国企采购的茶商生意受到了很大影响,有的甚至是断崖式下跌。然而,也有一些茶商,通过一天天与"喝茶者"的接触,结识了一批喝茶的人,聚集了一批喝茶的人,形成了一个喝茶的圈子,生意受的影响则很小。

为什么?因为后者已经在日积月累的沟通过程中,将与茶叶相关的知识传递给了"喝茶的顾客"。这里需要注意的是喝茶的顾客,因为有些顾客自己买茶却不喝,有些人虽然在喝茶却不用买。二者统一的时候,茶商与顾客之间说的话越来越深入,顾客越来越觉得喝茶靠谱,或者说喝某品牌的茶靠谱,消费习惯也得以逐步建立,并且越来越牢固。

这就相当于有了坚实的塔基,销售额自然不会受到实质性影响。

"金字塔模式"的背后 需要顶层设计

卖茶说话的"金字塔模式",从开始到结束,每个接触点的对话都会给顾客留下好的印象,以逐步促成交易。若是坏印象,则必然会阻碍交易,必须避免。

怎样才能落实"金字塔模式",让每个人说的话都能推动成交呢?

看似是每个人,包括店员和店长的问题,但实际上并非如此。问题出在"前三排",根子还在"主席台"。要解决这类问题,归根结底还是要从"顶层设计"开始。这对任何茶商来说,都是如此!

什么是"顶层设计"?其实就是企业的一把手要重视,要由上而下制订战略、战术和战词,也就我们常说的"三战体系"。

怎么理解这句话呢?再来看前面我们曾举过的例子:假如你是安

徽人,第一次出差到杭州,进入一家茶叶店,想买西湖龙井送朋友。你知道市面上的西湖龙井良莠不齐、真假难辨,为了能买到真品,你就问导购员:"这里的西湖龙井正宗吗?"

导购员只要说一句话,就可以折射出一个茶叶企业的"顶层设计水平",也就是一个茶叶品牌的销售力。

请需要注意的是,这里只要一句话就可以明断,不需要多说!

假如导购员说:"这里是高铁站,还能卖假货?"我们来看看。

第一,顶层战略设计。

这样回答显然是借助高铁站的品牌形象来烘托自己的正宗,但现在是移动互联网时代,高铁上卖的盒饭都有可能过期,搞得全国人民都知道,这样的环境中,高铁站就能保障西湖龙井正宗吗?

至少是信任度不如导购员想象的那样!

店员这样回答,一定忽视了自己的品牌形象才是根本,高铁站只不过是"衣服",就像《天下无贼》里刘德华反问开宝马就一定是好人吗,这些都是一样的道理!很显然,开宝马不能保证是好人,这个道理谁都明白!

也就是说,茶企领导者根本就没有专业系统地去审视自己的品牌战略,才导致终端不能精准表达出自己的品牌形象。

第二,顶层战术设计。

针对消费者担心的正宗与否,这类问题是常见问题,茶企应该有具体的应对方案。

比如说，要遵循"先心情后事情"的说话原则，先肯定顾客的担心，不要和顾客唱反调，然后要搞清楚顾客担心的原因是什么，然后再去找到具体的方法，逐一化解原因。

这是战术层面的问题，但是茶企领导者对这类问题从顶层设计开始，就要着手解决，而不是让前线的销售人员临时发挥，更不是随随便便搞个培训就能彻底解决的。

没有针对性的解决之策，必然是隔靴搔痒。

这也是很多企业虽然做了培训，哪怕是高水平的培训，也不能解决根本问题的原因。但是，我们不能忽视培训的重要性，做了总比不做要好。

毕竟现在茶叶市场就像沼泽地，尽管没有飞机，即便是在沼泽上铺一块木板，也好过什么都没有。

第三，顶层战词设计。

一切的战略和战术，都要用具体的"词语"来体现，当然很多时候还需要图片来辅助。

这些"词语"必须能够进入消费者的内心世界，让消费者立刻理解你的话语，还能激发消费者的联想，从而一步一步引导消费者认可你的茶叶，接着就是买单成交了！

换言之，你的"词语"必须是有"战斗力"的，这就是我们称之为"战词"的含义。

回到开头的例子上来，"这是高铁站，还能卖假货？"导购员很明显是站在自己的角度去看问题,强调"高铁站不可能卖假货"。这里需要注意的是,现在是移动互联网时代,很多以前看来"高大上"的东西,现在看起来很普通了。导购员若是换成这样的回答:"这位大哥,您的担心很必要,看来您对西湖龙井的乱象非常了解……"后面不需要再说,我们可以体会一下,顾客听到这句话是什么感觉?

我们应记住,每句话都要有力量。要卖茶,就要从卖茶话术开始,做科学系统、独具个性的"顶层设计"。这不仅会直接提高门店盈利能力,增加利润,而且必然是投资回报率最高的有效之举!

"金字塔模式"之根 员工

知道了"金字塔模式",做好了"顶层设计",还要让包括老板在内的全体员工都熟练掌握"战词"。因为这是移动互联网时代,每个人都可能发朋友圈,都可能会给身边的朋友介绍自己的品牌,这就需要每个人真正掌握自己家产品的特色,才不至于"企业说企业的,员工说员工的",结果是牛头不对马嘴。

具体要怎么做?

第一,人才是任何茶企或茶叶店的瓶颈,老板要营造学习氛围,不管是看书还是培训,都必须持之以恒。若是加上模拟现场的场景考试,则更能为员工提供适合成长的舞台。

老板自己也要不断学习,才能适应环境,茶业界的老板大多还是非常爱学习的,不仅每个茶区都有很多茶商在学习针对茶商转型的专著,而且他们还常常将此类书籍作为礼物送给同行,这恰恰反映出很多茶商对学习新知的重视度非常高。

第二，要关心员工的情感和心理，销售的系统培训也必须扎扎实实地做，以确保顾客进了门之后，销售员可以很好地把握顾客的需求，说到其心中去，赢在最后一步。

例如，客人进店后，很多人会想，这位顾客到底有没有实力购买？其实，在你正确回答这一问题之前，你要找出"购买实力"之外的原因。

比方说，当顾客坐下来时，你问他喜欢什么价位，他说1000元左右，这个时候，你要判断他说的是不是真心话。人都要面子，也都喜欢"安全"，他刚进来时内心是不踏实的，说低了怕没面子，你看不起他怎么办？说高了不安全，万一你要"宰客"怎么办？

你要想办法让自己处在"塔尖"时，也就是刚刚开始交流的时候，就能说出一些话，让他心里踏实，放心大胆地和你沟通。这就是"顾客实力"之外的原因，你必须把握好。此外，若是品质、价位等都能满足，则要包装也要合适。

第三，世界是相对的，生活是相对的，是一种互动的过程，做销售、做品牌，说话、品茶等都是生活的一部分，不存在绝对的一刀切，都是在体验中不断地调整，你必须因地制宜地处理问题。

你看，装修典雅、奢华的茶叶店有成功的，装修俗气、杂乱无章的茶叶店，也有成功的，不少茶叶店看起来陈旧破败，其利润总额却远超一些豪华茶叶店，甚至远超一些初具规模的茶企。

跳出茶叶营销来看，比如大家都知道愚人节，但愚人节的来历有很多种，其中有个说法很普遍，起源于法国，参考网络资料引用如下：

1564年，法国首先采用新改革的纪年法——格里历（即通用的阳历），以一月一日为一年的开端，改变了过去以四月一日作为新年开端的历法。新历法推行过程中，一些遵循守旧的人反对这种改革并仍沿袭旧历，拒绝更新。

他们依旧在四月一日这天互赠礼物，组织庆祝新年的活动。主张改革的人对这些守旧者的做法大加嘲弄。聪明滑稽的人在四月一日这天给顽固派赠送假礼物，邀请他们参加假庆祝会，并把这些受愚弄的人称为"四月傻瓜"或"上钩之鱼"。以后，他们在这天互相愚弄，日久天长便成为法国流行的一种风俗。该节日在十八世纪流传到英国，后来又被英国早期移民带到了美国。

这说明"愚人节"实质上就是一种恶作剧之类的体验，怎么来的并不那么重要，正如一些茶叶品牌的故事一样，传来传去，你说我说，几十年乃至几百年后，说的人越来越多，也就成为一种"历史事实"了，带来的很多体验也是真实的，给人无限遐想，就像龙井的十八棵茶树。

当然，茶叶品牌故事的前提最初还是靠谱的，有根基的，后续的艺术创作，只不过是为了传播一种感觉，若是失去了产品根基，保障不了产品质量，茶叶品牌也就好景不长了。

换言之，无论怎么说，说话的根基都是产品品质及特色。对说话的"金字塔模式"来说，最重要的还是根基，必须经得起推敲。

典型案例 被踏平的"塔尖"

看到我们的案例、方法和观点之后,很多茶商找到我们寻求支持。

茶商朋友最喜欢强调的一句话是,我们的茶叶品质很好,和"某某茶"一样好,甚至比"某某茶"还要好,很多"某某茶"品牌都是拿我们的冒充。但是,紧随其后的一般是感叹,若是自己直接去销售,则要么是"卖不上价"就是"客户不大认可",或者是"客户不大明白",等等。

我们在全国各地走访调研过程中,茶叶店导购员最喜欢说的也是"我们家的茶叶品质好,你带点回家吧……"这样的话,我们偶尔会开个玩笑问,真的可以带点回家,难道不需要先买?导购也会莞尔一笑。看到这里大家都明白,这是很多培训老师培训出来的,目的是减少商业氛围,降低客户的警觉性,试图"悄悄地"把销售促成。

这种提法本身就存在一定的问题,我不赞同这样做。

如果非要这样做,你也要选择合适的时机来说,就像你第一次看到喜欢的女孩子,就口无遮拦地说"我很喜欢你",这显然不大合适,相处一段时间后表白才更合乎常理。磨刀不误砍柴工,就像刚刚提出带点茶回家的要求,我建议你要先做简单的沟通,了解消费者的具体需求,才能择机提出让别人"带点茶回家"。

如今,茶业界在营销过程中,充满太多自以为是的幻想,还有太多把消费者对立的恶劣想法,太多照本宣科的自恋自大,太多没有深入思考的"八股文"或"八股话",这些都是没用的,长此以往害处更大。我们必须记住，消费者是活着的人，有血有肉，都有自己的爱恨情仇、酸甜苦辣，抑或是嬉笑怒骂、悲欢离合，你必须站在消费者的角度去关心他，努力了解他的所思所想，一步步满足他的需求，照顾好他的情绪和情感。

那么，为什么"我们的茶叶品质很好"这句话，是当前茶业界最没销售力的一句话呢？接下来，我们在后面的章节深入探讨这个问题。

三 快速发现顾客需求的10种工具

成交，是一个不断满足顾客需求的过程。

这个需求，一般是从小到大、从边缘回到核心，一步步满足顾客的。

满足顾客需求的前提是，要发现顾客的需求，我们这里提供10种工具。

在给出工具之前，我们站在茶叶店的角度看一看，顾客究竟有哪几类需求？

主要有以下五类需求。

第一类，想得到的需求。

第二类，看得见的需求。

第三类，听得清的需求。

第四类，问得出的需求。

第五类，拔得高的需求。

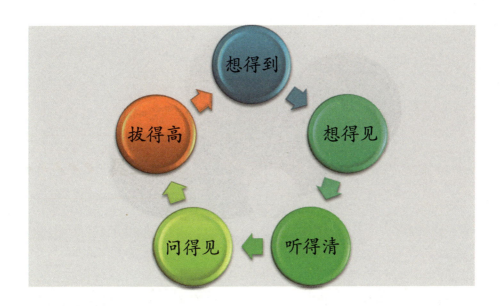

看到这里,很多人会有疑问,为什么第一类是想得到的需求呢?

因为,你在顾客进来之前,在看到顾客之前,你就应该知道顾客有哪些需求。

怎么理解,请继续看我们给出的10种工具。看完之后,大家自然就明白了。

第一组:"想得到"的需求,如何才能发现?

工具一:3B

客人进来之前,我们就应该知道顾客有三种可能,然后为之做准备。

第一,不信任。顾客进来的时候,除非是好朋友鼎力推荐的,一般都是半信半疑甚至是"不信任"的,这个时候,你要知道顾客有"寻找信任感"的迫切需求,多预备一些能够让他信任的"元素",以降低内心深处"不信任"的感觉。

第二,被关注。任何人都希望自己被关注,所以,在顾客进店之前,你就要熟练掌握"关注"顾客的技能,以便在第一时间满足顾客。

第三,被关心。任何人都希望自己被关心,这比关注更进一步。关注不等于关心,只有你自己用心去体会顾客,才能满足顾客"被关心"的需求。

这三个词语拼音的开头字母都是"B",所以这一工具统称为"3B"。3B非常重要,一旦你从心理和物质上做了充分准备,就一定能渐渐赢得顾客的信任。

工具二:建立店铺数据库

每次与顾客沟通结束,不管是成交,还是不成交,都要努力从三个方面做一个记录。

第一,我说的哪些话赢得了顾客的积极回应。

第二,我说的哪些话顾客没有感觉,或者说没有回应。

第三，我说的哪些话顾客不认同，甚至有抵触的感觉。一定要做记录，不管能否记录完整，不管记录速度有多慢，你先要坚持这么做。

除了话语之外，自己的做法最好也能够记录下来，以便全面地复盘自己的销售沟通过程。

做得久了，你就有很多体验，速度也会更快，从而渐渐清楚经常来店顾客的想法，也可以提前"想到"他们的需求，这样就能及时做准备，更好地服务他们，从而提高成交率。

第二组："看得见"的需求，如何才能发现？

巧妇难为无米之炊，有了"想得到"的需求做基础，你就很容易在顾客进店之后，及时发现顾客的需求。

工具三：看天色

天色，这里代指天气状况以及相关自然状况。

例如，雾霾严重的时候，顾客大都想"吐槽"一下，你可以先"吐槽"雾霾，引起共鸣，然后敬上一杯茶，建议他喝喝茶，强身健体之后有助于对抗雾霾，但不要吹嘘喝茶抗霾的作用。

又如，下雨的时候，帮助顾客收一下雨伞，或者是递上纸巾帮助顾客擦一擦雨水，这样做的话，话题是不是就能打开了？

再如，若是遇到酷暑，阳光暴晒，你也可以递上一杯茶为顾客解渴，或递上纸巾帮助顾客擦擦汗水……

如今天气变化更为频繁，你若仔细观察总结，踏踏实实地去做，这样就能从心理和行动上去满足顾客的需求，让顾客感受到我们的诚意。

工具四：看脸色

脸色，代指顾客个人及随行人员的综合状况。

例如，顾客进店，你要观察顾客的精神状态，如果老顾客面露沮

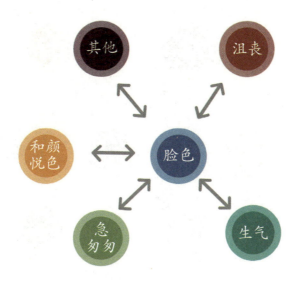

丧、状态不好,你就可以直接关心问询。任何人在不精神或没信心的时候,都希望获得鼓励,哪怕是一句非常简单的问候。

又如,顾客进店,如果是生气的样子,你也可以调整自己的说话方式,尽力用能够让他愉悦的方式去说话。

再如,顾客进店,如果是急匆匆的样子,你就要考虑如何帮助他节省时间,等等。

凡此种种,都可以借助"脸色"来了解大概的需求,满足其需求之后又可以进入更深层次的交流,从而满足顾客更多的需求。

工具五:看附属物

与顾客相关的附属物,含义很广泛,主要包括衣物、车、宠物等。

例如,如果你看见顾客开豪车、戴名表,珠光宝气,处处都是名牌,卖弄钱财,也许说明他有"虚荣需求"或"面子需求",这些也都要适度满足。

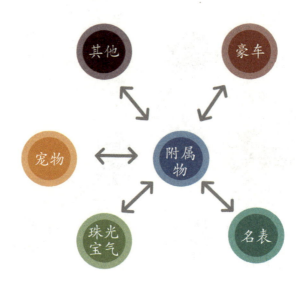

再如,你看见顾客牵着宠物,则表明顾客或许"内心孤独",更需要被"宠爱"或被关心。

第三组:"听得清"的需求,如何才能发现?

工具六:听了就想

"听了就想",顾名思义是听见顾客相关的声音或话语时,就要想方设法找到背后的需求,并且要及时满足顾客的需求。

例如,听见顾客咳嗽一下,自己是不是能够立即发现"顾客要喝水的需求",并迅速给顾客递上一杯水?

再如,顾客说自己很累了,是不是能够发现"顾客想静一静的需求",自己是不是应该停止滔滔不绝地说话,改为主动去关心顾客。

又如,当顾客说茶叶"还好"的时候,潜台词会不会是说茶叶"不大好"?至少是对你的茶叶没有特别的好感,这个时候应该问问顾客对茶叶的哪方面不满意,或者说哪方面有顾虑。

还有,当顾客叙述自己的"辉煌经历"或"显赫背景"时,这时候他需要的是"赞美"或"虚荣",这时候你就要适度满足,然后引导其走向成交。

工具七:静静地听

人都是两只耳朵一张嘴巴,多听少说,才能平衡。换言之,发现顾客需求就要"小嘴巴、大耳朵",多听少说。

尤其是一些需要"被关心""被认可"的顾客,哪怕是你并不完全理解他的话,你只要安安静静地听他说,带着满满的诚意,也能逐步建立一种好的关系,推动成交。

这是为什么呢?"被人倾听"也是一种非常重要的需求。只要你在那里认认真真听了,就能够满足他的需求。

第四组:"问得出"的需求,如何才能发现?

工具八:积极地问,专业地问,持续地问

问的人,更有主动权。

例如,女顾客爱聊的一般是家里或工作上的事情,你要根据她的聊天内容,积极地询问她,关心她,她心理就很舒服,也就等于给了她心灵的慰藉。

有了一定的感情基础之后,你可以问出她的职业,然后就可以发现不同的茶叶购买需求。打个比方,一个女老板和一个女职员的茶叶购买需求差别一定很大,前者有很大的礼品需求,后者即使有,也要小一些。

需求不一样,问出来之后,就能逐个击破。

但是,你一定要清楚哪种茶叶更适合她,你的建议一定要非常专业,这还需要你在专业知识扎实的前提下,多问多沟通,让她认可你的建议,感觉到你的专业性,并间接喜欢你的建议。

如此坚持下去,也就能把自己的茶卖出去,关系自然会更好。但这些都要是诚心实意的。

工具九:将一切词语与茶叶挂钩

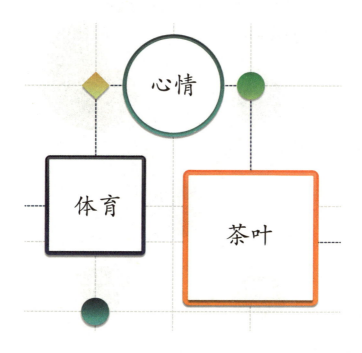

为了提高自己的提问能力,可以这样进行训练。

随便挑选一个词语,然后通过提问的方式,让"它"与茶叶搭上关系,也就是与茶叶挂钩。

时间久了,提问能力和联想能力都能获得提升。

例如,提到心情,我们可以想:怎样才能心情好?可以多与朋友聊聊天;聊天的时候可以做什么?边喝茶,边聊天,大家才会更开心……这样就很容易与茶叶挂上钩。

再如,提到体育,我们可以想:体育有什么作用?锻炼身体;锻炼身体有什么用?身体更健康;健康的身体还能依靠什么?多喝茶,有益健康……这样就很容易与茶叶挂钩。

这个工具关键是多练、多想,积少成多,天长日久就会有巨变。

第五组:"拔得高"的需求,如何才能发现?

工具十:制订解决方案

"拔得高"的需求是建立在前四项基础上的，是综合运用的结果。

其中的关键是在信任积累到一定程度后，主动站在顾客的角度，看看顾客的哪些需求可以用"茶叶"去解决，从而为顾客提供"解决方案"。

例如，顾客需要为自己的合作伙伴送礼，或需要为亲朋好友送礼，或需要为员工发放礼品，等等。这些钱都是要花出去的，给谁都是花，如果你能站在顾客角度，为其"制订解决方案"，并且能够帮他省钱省精力，也就等于发现并满足了他的需求，顾客自然会与你做更多的生意。

这就是很多茶叶店做到利润达 200 万元以上，甚至超 1000 万元的根本原因。这一点值得大家结合上述的九种工具，多思考，勤练习，在实践中好好利用。

四 焦点问题分析

焦点一 如何进行有效沟通

2017年5月份,一位读者提出这个问题:

老师,您好!我是西北地区的一位茶叶经销商,主要经营普洱茶,也稍微带一些绿茶、红茶、铁观音,面对的客人可以分为三类:一是知道茶是健康饮品,想开始喝茶;二是不懂茶,随便喝;三是懂一些茶。对这些进店客人,我应该怎样进行有效的沟通呢?

这是个非常典型的问题,几乎每位茶商都会遇到。这也是一个非常大的问题,即便用十本书来探讨,也探讨不完。我们自己也经常遇到沟通问题,可以说,沟通质量决定销售成败。所以我们必须思考一个问题:什么叫有效沟通?

基于我们十多年的研究和实战经验,就卖茶沟通而言,我们认为:

能够解决客人的困惑,化解客人的疑虑,一步步帮助客人买到适合自己的茶,这就是有效沟通。 沟通的目的是帮助客人解决问题,而卖茶是顺带的结果,赚钱更是顺带的结果。若是把赚钱当做首要目的,那一定会出问题！

心法，决定技法，很多领域都是如此。这个是根本，是最重要的原则！尽管沟通需要方法，需要技巧，需要训练。

参考这样的原则，我们再来看这一类问题。

经常面对的三类人，其差异的关键是对茶的了解程度不同：①不了解；②有一点点了解或稍有了解；③很了解或非常了解。

参考这位读者给出的三类人，第一类应该是有一点点了解，知道茶是健康饮品；第二类是不了解，有茶就"随便喝"；第三类是"懂一些茶"，但还算不上是"非常懂"。

这些差异的背后有了解意愿的差异，即客人压根就不愿意多了解，反正也不用去做专家；也有知识获取途径的差异，不知道如何去了解，只好长期保持现状。

前者为主，后者是次要的。

因为，现在是移动互联网时代，想要了解一种茶叶，还是比较方便的，动动手搜索一下就能知道一二，若能带着问题去茶叶店，想必十几个回合下来，就可以"扫盲"。

既然如此，我们在沟通过程中可以分以下五步来做。

第一步，简单提问，看看其对茶叶了解多少。

有的是真了解，有的是道听途说，不管怎样，要注意，一定要谦虚，要给足客人面子，即使客人错了，你也不要直接指出。

第二步,搞清楚他为什么要买茶。

尝新鲜?自己喝?送礼?藏茶?批发茶?办公用茶?节假日礼品用茶?

具体的目的,都需要了解。沟通过程中,你可以进一步获悉其对茶叶的了解程度,然后站在他的角度与他沟通,诚心诚意地考虑怎么帮助他,并适度增加他对茶的了解。

第三步,搞清楚他对茶叶的要求,或者说接收方对茶叶的要求。

若是搞不清楚具体要求,那就要搞清楚他想通过喝茶解决哪些问题。比如说,喝茶降压?喝茶降血脂?喝茶显得高雅?喝茶来交朋友?送茶来维护关系?送茶以表达尊敬?送茶为获得沟通机会?一定要搞清楚顾客具体的要求,才能推荐合适的茶。这个过程中,同样要做到将心比心!

第四步,根据他的要求,给他制订解决方案。

方案必须站在顾客的角度去做,让卖茶和赚钱成为顺带的结果。

"种子法则"可以帮助你在移动互联网时代,正确理解顾客的含义,尤其是顾客的五种重要价值,然后再让客户帮助你带来新的顾客。

第五步,结合他的新问题,进行调整,以达成一致。

不管生意大小,都要有足够的耐心,要充分解决客人的问题,尤其是要解决客人的核心问题。这样做了才会让生意越来越稳,让品牌发展壮大。

焦点二 为什么隔壁茶店生意比自己的好

好的经验，必须经过检验！

卖茶的那么多，有的生意好，有的生意差，其中必有很多原因。

茶叶店那么多，为什么隔壁店的生意好，自己的生意差？

我们在全国上千家茶叶店的调研过程中经常发现这类现象，相邻的两家店，生意却相差万里！

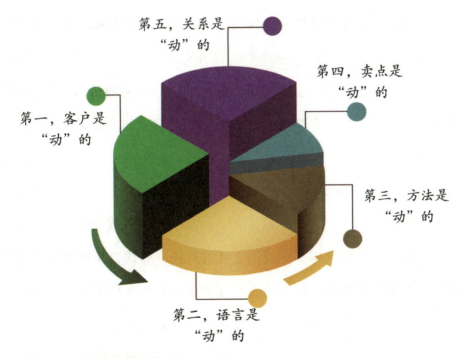

第一，客户是"动"的。

客户是流动的，今天到你这里买，明天可以到别人家买。今天买一斤，明天也可能买一百斤。所以，你不能把客户看"僵"了，要用心去对待客户，才能发现更多的机会。

今天有一个顾客在你们家买，也可能明天就为你带来新的客户。每位客户都有自己的关系网，他愿不愿意为你做介绍，完全看他在你店里的购买体验。体验好，感觉舒服了，当然会为你带客户。

这些都是常识，任何茶叶店的老板或员工，只要你希望茶叶店好好经营下去，你都要在客户体验上下功夫，想方设法改善客户的体验。这个是王道。

尤其是未来市场环境下，茶叶过剩必然会越来越严重，尽管这是相对的过剩，但竞争是越来越激烈了，就更要照顾好客户的"感觉"。

第二，语言是"动"的。

2015年10月，我去福鼎讲课。休息时，有个茶小妹说她一狠心花了18元剪了个头发。大家听到什么？18元，还要一狠心，这就是强烈的对比。若是180元，则不一定有这么深刻的触动。要么是幽默，要么是收入太低，花18元理发还要狠一狠心。根据当时的场景，大家都明白这是"幽默"。

卖茶说话也要这样，你的语言要有对比，能够触动消费者。课上有人分享了一个案例，说旁边有一家公司的采购人员去买茶，这位客人一进门就直接问导购员，能不能签单。导购员回答："对不起，第一次不能签单，后期长期合作的话可以签单。"此外，客人还问能不能开发票之类的细节问题。导购员很负责，后来又上门去了解客户，然后决定可以签单。为后面的合作打下了基础。

我说了，词语就是力量，是有"动力"的，融合了大量信息，我们透过这些词语还可以看到这个人的各种习性，是虚伪还是真诚，哪怕是你不说话，我也知道你的立场和态度。

导购员说，这位客户第一次消费了2000多元，后面是每个月都超过1万至2万元的消费额。客户最初对白茶没有抗拒，至少是对白茶知道一点，后来沟通时，导购员发现客户原来就是福鼎人，本来就了解福鼎白茶，对某某香白茶也有一定的了解。

选择家乡的白茶，消费家乡的白茶，自然会伴随着一种自豪的感觉，例如，拿着家乡的白茶送礼，那种为家乡自豪的感觉会洋溢在脸上。这个很重要，尤其是在异乡的时候，能够给朋友送家乡的白茶当然很自豪。

中国人的乡情观念很重。比如我，从小是被逼着离家的，但是我仍然非常爱我的家乡，这种感情是与生俱来的，没有办法改变。而且离家越久，离家越远，这种感情越浓烈。同时，把一种产品当作家乡的特产来送，接受礼品的人一般不会拒绝。

这也再一次证明语言是"动"的，说动了顾客，也让生意朝着好的方向"流动"。

第三，方法是"动"的。

怎么样增加顾客数量？怎么样提高成交率？怎么样提高成交额？这三个问题，几乎所有的老板都会考虑。

虽然说做好出众、出名、出谋，就能不断出货，但是怎样出众，怎样出名，又怎样出谋呢？

这三个问题的答案可以有一万个。因为每家的情况不一样，即使是一家，遇到的顾客也不一样；即使是同一位顾客，不同时间的心情也会有差异。

我们不可能记住一万个答案，只能抓住核心的方法，然后结合遇到的实际情况，一点点去完善。

例如，出名的目的，还是为了顾客能经常来，然后帮助顾客提供合适的好茶，从而就能有稳定的销售业绩。

那么，很显然，我们的第一步，就要把重点放到吸引顾客上。

如何做呢？

先分析产品特征，同时分析顾客特征，根据这两点来制订顾客拓展方案。制订的方案是灵活的，需要和目标挂钩。

例如，假如你的目标是一天增加100位顾客，那就要想一想到哪里去寻找这100位顾客，并且要成为自己的顾客。

这个方案不仅要自己考虑好，还要考虑到执行过程中的难题，提供预备的解决方法，或者说临时应变而来的方法，这样才能达到增加100位顾客的目标。

现在很多茶叶店缺少顾客，都可以沿着这个思路去做。

第四，卖点是"动"的。

例如，茶多酚是好东西，很多茶商在宣传；适量运动是好习惯，我们都是知道的；重视饮食的人，很多人都会重视非转基因的食品，等等。于是，喝茶、运动、调节饮食这些在当下被炒得越来越热……

有茶商说，糖尿病患者这样坚持下去，血糖就可以降下来。一旦降下来了，顾客就会感谢你，但是请你注意，卖点是"动"的，你不能告诉他"血糖降了"都是喝茶的功劳。

你要告诉顾客，这不是单纯的茶叶的功劳。当然，喝茶到底能不能降血糖，能降多少，都是挺复杂的，虽有科学依据，但也要因人而异。

一个卖点能不能成为现实，它是"动"的，可以变大，也可以变小，一旦你生活不配合，你就看它没什么作用，或许这才是很多功效消失的原因。

也可以说，这些功效都是在必要的条件下才能实现的。不能瞎说，否则害人害己。

如何说？这里给大家教一个方法。

你从提供整体方案的角度出发，说实话，实事求是，提供了方法，提供了组合，自然会有更好的效果，客户自然感谢你。

我自己就有这样的体验，我当初减肥花钱请私教，私教给了我很多帮助，我成功减肥了，我很认可他。但当时请他做私教的那么多肥胖者中，只有我一个人成功减肥，取得这么好的变化，而且至今没有反弹，这是为什么呢？

因为我不仅配合教练的做法，而且还在自己看书学习，坚持寻找减肥的方法，坚持在细节处改善，坚持在行动中寻找更好的方法，所以我能从将近200斤减到140斤。

再看看肚子大的客户，你可以从降血脂入手，说说喝茶降血脂的卖点。具体是什么原因,你要讲清楚,不能忽悠他,而且需要给他一个相对完善的方案,长期维护,而不是单单喝茶就能解决问题了。

还有,你如果是卖白茶的,客户若喉咙不舒服,干痒难受,甚至是咽喉炎,也是可以以此切入的,因为很多白茶专家和茶商都在说白茶保护咽喉和消炎的作用。

我自己喉咙难受的时候也喝过白茶,确实有一些作用,但没有专家和茶商说得那么玄乎,抑或只是心理作用而已。倒是有一些小品类的"准白茶",的确有很明显的作用。我自己也亲自试过,就是口感不那么好而已。

所以,我说卖点是"动"的,要注意卖点产生的条件,不注意就不大可能是卖点了,客户也会觉得你欺骗了他,以后自然就不来了,若是隔壁店做得好,那就只好去隔壁店试试了。

这在茶业营销中很重要,尤其是移动互联网时代,必须要考虑周到,不能随便瞎说。

第五,关系也是"动"的。

很多人说要和顾客交朋友,这句话要好好思考。

成为顾客的朋友不是我们的主要目的,只是顺带的结果,你的主要目的是帮助顾客买茶,帮助顾客用更小的代价买到合适的茶,除此之外的都是次要的目的。

这里需要注意的是,必须帮助顾客用更小的代价买到合适的茶。这一点随着实践可以慢慢理解。

交朋友的原则是：结交须胜己，似己不如无。这个是非常现实的规则，你别以为是太功利主义了，只是很多人没去揭穿而已。

试想，谁不想结交比自己强大的朋友呢？

大部分人基本都愿意。因为，人类的本能就是趋利避害，当他结交"强者"的时候，其感觉更安全，也是"更划算的"。

当然，这个强大是相对的，"三人行必有我师"，每个人都可以有自己强大的那一面，必须善于强化那一面且持续不断地强化那一面，就像现在经常提起的工匠精神。

顾客能买你的茶品，也是这个原因，因为你在茶叶领域比他"强"。他也要感觉是"更划算的"。什么等级的茶，都会有类似的消费心理，而不单单是廉价茶。

试问，你的茶品好，又上档次，价格又低，顾客为什么不买？

例如，某品牌导购员说其巧克力状的白茶随身携带方便，价格要1000多元，顾客很喜欢。更重要的是，就白茶来说1000～2000元就算是中上等了，但是，同样的价格，则很难买到中上等的铁观音，也买不到中上等的大红袍。花同样的钱，买到档次更高的茶，能让购买者更加自豪，也就是"更划算"。人性就是这样的。

必须强调一点，虽然客户是"动"的，关系是"动"的，但不能轻易去教育消费者。教育消费者，也只能是顺带的结果，不能天天抱着改变关系的目的，天天想着对消费者说教。

为什么？因为教育消费者认识产品并接受，需要较长的时间，如何教育？同样需要很多方法。但是，我们在平时卖茶过程中，要全面审视购买过程，考虑如何进行搭桥，才能更好地卖茶，进而建立好关系。

至此，从客户、语言、方法、卖点到关系，我们分析了五点，这不是全部原因，但可以帮助思考，找到更多的原因，进而一步步解决。

第五部分

未来五年,茶业营销六大趋势

未来五年乃至十年,都是茶产业转型的重要时期,茶业营销把握六大趋势,走好"五步棋",才有可能在市场竞争中披荆斩棘,立于不败之地。

趋势一 要野生茶,更要野生品牌

买茶,想买野生的。其他产品也是这样,比如野生黄鱼、野生黄鳝、野生泥鳅、野菜、野草莓、野鸡、野鸭等。

野生,俨然代表了"品质",至少很多消费者是这样"联想"的。未来五年,对于茶产业来说,除了"野生茶",更要呼唤"野生品牌"。

中国茶产业要做好营销,必须关注到这个规律,尤其是大转型时期,传统机构的话语权日渐式微,新品牌崛起有着极大的机遇。

品牌是野生的,有大有小,就像动物有大有小,只要是野生的,都可以在大自然中生存。

过去的很多茶企不是"野生"的,而是"圈养"的,经不起市场的风浪。

例如,有些茶企,真正的收入是政府部门给的,那么,你就要研究如何符合政府的产业政策,拼命与政府处理好关系。

偶尔也会想着与经销商和消费者搞好关系。但只不过是一个幌子而已,是做给主管部门看的。

茶企真实的心理往往是,看似很重视消费者,很重视经销商,很重视茶文化,很重视市场拓展,有很多的茶艺表演,但消费者就是不买账,经销商也不买账,真正的茶叶销量很难上台阶。

部分茶企,甚至要靠"吹牛"过日子。

不过,给政府看的,消费者不满意没关系,因为,这些茶企不靠这个来生存。

这就是人性，赤裸裸的人性。

但是时代变了，尤其是世界进入了移动互联网时代，你的收入来源改变了，要主要依靠消费者了，这时候，你必须注意以下几点。

马上研究如何与消费者处理好关系。

认真研究如何与消费者处理好关系。

持续研究如何与消费者处理好关系。

……

事实上，就算是在以前，茶叶市场的芸芸茶商，大部分也都是"野生"的，不是"圈养"的，没有人"喂食"，做不好就要"挨饿"，这是事实。就像我们，不谄媚、不傍名牌、不拿别人的案例当作自己的，一切都靠市场、靠"干货"来生存，是个十足"野生"派，所以又叫"野战派"。

现在，政府越来越重视茶产业，也越来越重视品牌打造，你很想做茶叶品牌，运用品牌营销策略，这是正确的，说明你有一定的敏感度。

除此之外，你必须在充分理解"野生"的基础上，再明确以下六点。

第一，做茶叶品牌不是政府说了算，而是消费者说了算，移动互联网时代更是如此。

能够满足消费者需求，品牌就能发展壮大，否则就很难生存，除非一些不受市场经济约束的特例。

第二，你是野生的，更要时刻提醒自己这一点，不能有丝毫疏忽大意。

比如，你学习的市场营销策略，必须也是野生的。

靠人养着的品牌营销策略，只适合圈养的机构，不适合野生的企业或茶叶店。

第三，你的规模小，品牌必须为销售服务。

例如，你必须下苦功夫，配合好渠道建设，让品牌带来销量或利润的提升。

品牌必须开着门来做，必须踏踏实实地走进市场，经得起风吹雨打，必须真心实意地与消费者打交道，与消费者"混"在一起，必须研究透消费者。

倘若像个研究员只会关起门，躲在温室里，只能打"纸牌"，不能做品牌。品牌是"野生"的，必须在市场上历练。

第四，品牌必须在短期、中期和长期，都能促进茶叶销售。

拿品牌战略来说，一个品牌战略出来了，当时就能感觉出品牌的力量，而不是等到若干年后。当然，若干年后，品牌也能够起作用，但要注意的是，当前必须要快速见效。

例如，我们推出的"国学智慧与茶叶品牌营销实战"咨询式培训，就是在透彻研究消费者基础上，结合国学智慧来讲透，如何做才能"1天增加100位顾客"，如何让销售业绩快速翻番，等等。

第五，品牌必须能够把你的免费资源激活，同时大幅降低你的营销费用。

请记住，现在是移动互联网时代，要依靠免费资源来快速提高销量，口碑就是重要的免费资源。

例如，小罐茶就充分整合了行业的资源，借助诸多制茶大师的行业积累，快速打出了自己的品牌，这一点值得茶企学习。

第六，无论大家做不做品牌，你都在做品牌；有没有品牌定位，你都在展示你的品牌定位。

为什么？

品牌是一种客观存在，只要你做生意，就一定会和品牌有关。

对于任何茶商来说，不管你的规模大小，也不管你天南海北，你都需要想办法，尽量低成本地把品牌做精做好，少花钱、多出实际的效果，而不是纠结要不要做品牌。

纠结的、没有魄力的，前怕狼后怕虎，永远迈不开第一步，这样的茶商注定不可能做好品牌。

趋势二 及时消化茶叶库存

近些年，很多茶商都受困于茶叶库存问题。

这是大问题，尤其是一些经营白茶和黑茶的茶商，更是被库存搞得很头疼。

2018年以及未来的很多年，随着茶园面积增大，新茶园投产等，茶叶库存问题会更加严峻！

其实，这种情况就像是生孩子，生不出来很难受，但又必须生出来。

当经济不景气，周转不灵的时候，更是难受。

怎么办？

我们从下面三个关键点来分析。

第一，饿了吃饭，渴了喝水，要解决问题直接抓住关键点——顾客。

茶叶卖不出去，最直接的原因，要么是客户数量不足，要么是客单价不够。

所以，你要集中资源，围绕这些来解决问题，增加客户的数量，同时适度增加客单价。

但是，有些茶叶经销商却选择了再去增加一个茶叶品牌，希望借助其他品牌的力量来增加客户数量。这种方法让我想到一幅漫画，一个人拿着铁锹挖井，挖了一会儿没看到水，就立即换一个地方挖，结果换了很多地方，也没挖出有水的井。显然，盲目增加品牌就像换个地方挖井，是不能真正解决问题的。

有些茶叶品牌就像泥菩萨过河，自身难保，你还指望着它来帮你解决核心的顾客问题？

简直是不可能的！

解决顾客数量的问题，就要围绕顾客这个核心问题来做工作，看看移动互联网时代，顾客的心态发生了哪些变化，如何才能抓住顾客的心，这样才能从根本上解决顾客的疑虑，让顾客常来常买。

顾客是核心，是关键，是中心。经营者必须在保证产品的基础上围绕顾客做好配套工作。

第二，解决问题不仅要有"理念"或"新概念"，例如，茶园众筹、快时尚、移动互联网、社群、分享经济、口碑等，更重要的是操作方法和步骤。

现在，我们还是回到消化茶叶库存的问题上来，很多茶商在电话中谈起理念来，一个个都有国家领导人的高度，但是具体要怎么做呢？

就拿口碑来说，不少茶商都希望老顾客帮忙做口碑，这样就能有助于消化库存。这个道理大家都懂。但是，你知道怎么让老顾客帮你做口碑呢？你又怎样将口碑转化到具体的营销数字呢，或者说怎样用数字来考核"口碑的效果"呢？在员工管理上，又怎样来引导一线销售人员重视口碑呢？

这些问题，都必须落实到员工的"一言一行"上，而后才能落实到客户的"一言一行"上，否则都很难产生效果。当然，顾客的问题不能孤立地去解决，他和产品和员工都有着莫大的关系。

例如，产品的品质好，展示得当，员工的服务也好，顾客的满意度自然会高很多。满意度高了不仅顾客自己会经常来，也更可能会带朋友来消费。

第三，收藏是茶产业的"兴奋剂"，必须看看自己的资金实力，别让"兴奋剂"拖垮了自己。

"兴奋剂"只能让你一时起劲，但是解决不了根本问题。加上方舟子引出的普洱致癌和黑茶致癌问题，收藏的风险必然会加大。

如何才能解决问题？

别忘了，茶叶重要的是喝，做生意重要的是流通！

在经营者资金实力不允许的情况下，还是要谨慎一些，无论是因为收藏把"肚子搞大"，还是别的原因，都有可能"难产"，也都有可能致命！

茶叶只有及时卖掉了，才能产生利润。让顾客喝了，而且喝得满意、喝得健康，你才能持续稳定地获得利润。

一味固执地收藏，放在那里，待价而沽，利润很可能只是海市蜃楼。

一旦资金链断了，或者说炒作之风"熄火"了，库存也就很难消化了。不要犹豫，在你的资金链断裂之前，在茶业风向标"转换"之前，你必须尽早把库存消化掉。

例如 2016 年时，一位茶商朋友告诉我，北京一茶城三分之一的茶叶店都关门了，我告诉他，这个数字还远远不止，还会继续增加，50% 的茶叶店都要关门，这是趋势，不转型就要灭亡。当然，茶叶店倒闭的原因有很多，并非都是因为"难产"而关门。倒闭了，也会有新的茶叶店开出来，只不过大家做生意的思维方式不一样。

别再犹豫，一定要及时转型，及时消化库存。

趋势三 持续汲取国学智慧

传统文化越来越重要，茶业营销要汲取国学智慧，并且必须持续创新，是创造性地汲取。

这里以《孙子兵法》为例进行简要说明，其第一篇就强调："将者，智、信、仁、勇、严也。"那么，我们要如何理解这五个字？

梅尧臣解释说："智能发谋，信能赏罚，仁能附众，勇能果断，严能立威。"除此之外，还有很多人曾对这五个字做出过解释，我们以梅尧臣的解释为基础来看看茶产业如何借助《孙子兵法》做营销。

再次强调，茶业营销的第一责任人，不是营销总监，而是老板。那么老板该如何做呢？

刚刚说的"智、信、仁、勇、严"五个字很重要。

其一，智，不管生意大小，卖茶都是智力活。

茶企老板都要有足够的"智"，才能卖好茶。

这个智，不仅仅是营销策略，还包括很多其他策略。比如，整个公司的人力资源策略，毕竟营销不是一个人的事情，用好了就能事半功倍。

其二，信，对员工也好，对顾客也好，都要做到"信"。尤其是现在，互联网大数据下的透明时代，更是无信不立。

商鞅变法就是从"信"之确立开始，他在南门竖立一根木头，谁能搬到北门，就能获得10两赏金。但是没人信，于是就提高到50两，结果就有人信了，果然获得了50两赏金。从此之后，老百姓就开始相信他了。

按照现在的话说，这就是事件营销。

茶叶行业的问题很多，老茶造假、黑茶致癌、农残超标、虚假名茶，乱似一团麻，问题一大堆，也说明了机会一大堆，是不是也可以学一学"商鞅变法"？

信用缺乏的时候，信用就变得更有价值，有眼光的茶企可以抓住这一点试试，一定会有令人满意的结果。

其三，仁，爱人悯物，所以能"附众"。

附众，就是使众人跟着你。

很容易理解，你能看到别人的需求，满足别人的需求，别人自然愿意跟着你。员工、顾客，都是这样的。

但很可惜，不少茶商只是看到自己的需求。例如，微信经常收到这样的群发信息，部分引用如下——

我知道天天打扰您不好，可每天看着父母年迈的身躯，眼泪就不知不觉地往下流呀！我们没有见过，可我这样的导购想尽一份孝心。所以只能厚着脸皮为您推荐有机生态的养生茶叶哦……

看起来很理解别人，但是，茶叶销售靠的是什么呢？

这样莫名其妙地推广，满足的又是什么呢？

经历过的都可以明白。

卖茶，主要是以茶为媒介，建立信任，这样建立的信任能持续多久？茶叶真正好吗？

这样去卖，当然能卖出一些，传销都能让人上当，何况这些能带给人们健康的茶叶？但是，如此卖茶何谈持续性呢？

老板要多想想，想清楚，一定利大于弊。

其四，勇，看到机会要勇于决断。

例如，现在是茶产业的大转型时期，就要把重心放到客户关系上，不果断转变，结果将是必死无疑！

现在还有其他很多机会，若是始终犹犹豫豫，前怕狼后怕虎，裹足不前的话，等到后面机会就不多了，甚至就没有机会了。

天下难事必作于易，天下大事必作于细，谋划之后，必须勇敢地行动。

其五，严，严格控制茶叶质量，严格管理客户资源。

茶叶行业比较松散，茶叶企业、茶叶公共品牌等也是如此。

不少关系的存在，比如茶叶合作社、茶叶经销商联盟、茶叶店联盟等，似乎很难"严"起来，但要发展稳定，对于涉及产品质量和客户关系的事情，必须要严，严上加严，才能有好的生存环境。

你心不在焉地做茶，顾客自然就心不在焉地对你。

世界是一面镜子，你对着镜子，看到的多半是自己的模样。

以前练兵或打仗，为了立威，皇亲国戚及随从亲信，都可以杀罚，这样才能有战斗力。

企业家张瑞敏管理从严"砸冰箱"的壮举也是，所以"严"出了今天的海尔品牌。

趋势四 把握三个互联网发展"关键词"

2017年11月，腾讯科技·企鹅智酷联合63位互联网行业领袖与专家发布了《企鹅智酷中国科技&互联网创新趋势白皮书（2017）》，预测了未来5年的中国互联网发展趋势。

看起来互联网发展趋势与茶业关系不大，实则不然，我们今天的经济发展已经与互联网密不可分，包括你现在看到的这本书，也是因为互联网的发展。

互联网连接人和人、人和物，以及物和物，茶产业自然要受到极大的、持续性的影响。尤其是，白皮书中提到的三个"关键词"，更是值得中国茶产业重视和运用。

其一，报告指出分水岭将成为未来五年中国互联网的关键词。毫无疑问，"分水岭"也会成为中国茶产业的关键词。

为什么？

这就是因为"推心置茶"这个说法正在加速成为中国茶业营销的主旋律，传统文化必然要在茶业品牌营销中起到越来越大的作用。

道理很简单，茶叶既然是传统文化的重要载体，若是连茶叶品牌营销也不能体现优秀的传统文化，岂不是变成了笑话？

其二，社交平台想赚钱，就要看年轻人。茶业行业也是这样，要赚钱，尤其是要消化库存，就必须看懂年轻人，让年轻人喝茶。

"年轻人"是茶产业绕不开的关键词。倘若社交平台掀起年轻人喝茶的风潮，你会怎么想？

茶，必然是网红之饮。的确，茶本身为什么不能成为"网红"？只要看懂年轻人，茶就可以是"网红"，而不仅仅是"红茶"。

如何看懂年轻人？

看看报告，里面有"娱乐化"三个字，这点很重要。很多年前就曾提出娱乐营销，但茶叶似乎很老土，与娱乐挂不上钩？非也！

喜茶、丧茶之火，虽然有很多诟病，但仍旧不失其借鉴意义。其中的娱乐、个性、叛逆等元素，立即能够被人们感知到。这是茶业营销需要的，一定要第一秒内给人震撼，叫人过目不忘、铭记于心。

其实，古往今来，以茶代酒、王濛与"水厄"、苦口师、白茶娶妃、酪奴，等等。茶叶似乎自带娱乐色彩，个性很疯狂，就看你如何挖掘和利用。

何为酪奴？茶汤的别称。南北朝时，北魏人不习惯饮茶，而好饮奶酪，就戏称茶为酪奴，即酪浆的奴婢。

没有僵化的茶，只有僵化的大脑。赢得茶叶市场，必须告别僵化的大脑，才能看懂年轻人，抓住年轻人。

别无选择，茶商必须做好个性化，打好"娱乐牌"，盘活茶业营销，刺激茶叶消费。

其三，腾讯报告指出衣食住行产业的一种新模式：O2O+分享经济。

据百度百科，O2O即Online To Offline，是指将线下的商业机会与互联网结合，让互联网成为线下交易的前台。

分享经济（Sharing Economy），是指将社会海量、分散、闲置资源，平台化、协同化地集聚、复用与供需匹配，从而实现经济与社会价值创新的新形态。

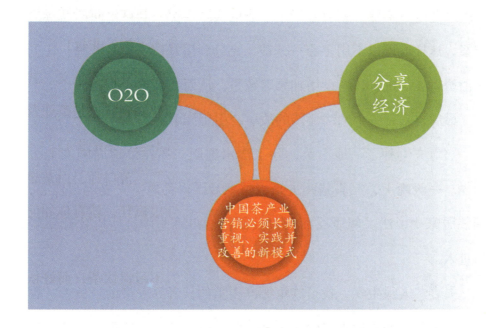

O2O+分享经济，自然是二者的有机结合，才能发挥更大的作用。

互联网无处不在，茶叶店无处不在，茶叶连年增产，消费者无处不在，尤其是茶叶产能相对过剩，茶产业近些年去库存的压力必然会越来越大。

如何把这些资源联系起来，发挥新的作用，消化茶叶库存，正好可以利用"O2O+分享经济"这种新模式。

为什么？

我们在调研中发现，当前的茶业营销非常薄弱，尤其是一些半死不活的茶叶店，存在着大量闲散资源，放弃舍不得，不放弃又挣不到多少钱，也不知道如何利用闲散资源，强撑下去令经营者很难受。

如何把这些闲散资源用好，是破解茶业营销难题的关键。而整合利用这些闲散资源，就要基于茶叶店的实际情况，制订出简单易行的方案，这样就可以不用多花一分钱，充分利用好被闲置的资源，让更多消费者参与进来，持续增加顾客数量，从而提高茶叶销量。

最后再来看一个网络流传的故事，引用如下：

一对夫妻种了一地白菜，除了浇水施肥，还在菜地周围圈上了围栏。一天晚上，三头猪闯进来，白菜被拱得稀烂。夫妻俩很伤心，到邻居家找说法。邻居反而指责其围栏做得不坚固，所以才让猪轻易进入。

夫妻二人很生气，找了族里德高望重的长者寻求帮助。长者一番授意，夫妻俩回去后直接闯进了邻居的猪栏，把三头猪都抓走了。邻居暴跳如雷找长者评理，长者笑着说："猪栏做得不坚固，人才能轻易闯入。"养猪邻居马上认识到自己错了，找种菜夫妻道歉、赔钱，种菜夫妻则爽快地归还了三头猪，邻居关系越来越和睦。

联想到自己的茶叶生意，大家是不是很有启发？

无论正面价值，还是负面价值，能够让对方感觉到，才会有真正的"价值"！感觉不到，一切为零，销售也是零。

趋势五 处理好"12 对关系"

日复一日,年复一年,品牌持续不断地与顾客沟通,为顾客创造超额价值,品牌就能像松树一样挺拔直立,笑傲市场风霜,这就是"松树营销"法,其本质是"3C 营销",也就是我们在这本书中反复强调、反复提倡的"好营销"。

未来五年乃至十年,茶业营销都必须处理好"12 对关系"。

1. 口号 VS 口碑

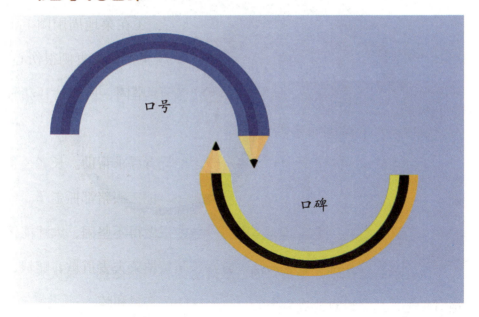

这是个大问题!

口号冲天、牛气哄哄的品牌太多了!但真相究竟如何呢?

口号,永远是淡如水的,你若扯着嗓子喊,不负责任地喊,这样的口号等同于我们常说的"扯淡"!

移动互联网时代的营销主要靠口碑,而不是靠口号!

企业的工作都需要人来做。这个人，必须是合适的人，有能力的人，而不是尸位素餐的人。

例如，这个时代有着各种类型的渠道，只要是客人会路过的，可能有消费的，都可合作。这中间就是成本问题，必须以合适的代价来进入相关渠道，喊的口号再多也无用。

2. 单品最优秀 VS 品种最丰富

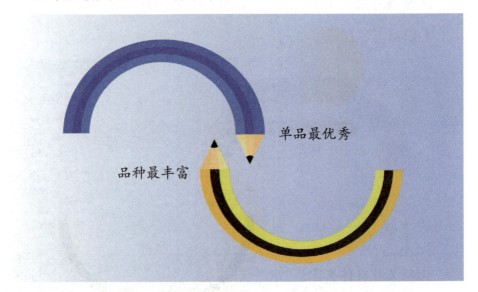

做好单品是基础，是首要的，最好努力将单品做到"最优秀"，绝对领先，具有绝对的竞争力。

其次才是品种丰富，这个可以结合后面要讲到的"货卖堆山和工匠精神"的关系，一同进行思考。

那么，何为"最优秀"呢？

这个要站在消费者的立场上去定义。

你如果最能帮助消费者，最能为他创造价值，他也认识到了"你最能为他创造价值"，那就是"最优秀"的。

这就是初心！

不忘初心，就是不忘良善，不忘帮助消费者，让茶叶对得起消费者的期待。

3. 一句话 VS 十句话

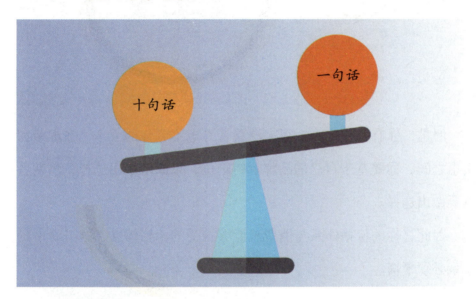

你的茶叶有什么特色？你的品牌有什么特色？

对于这类问题，你的回答标准是：一句话能够介绍清楚，十句话也描述不完。

茶业营销，这点必须做到，而且要做好，尤其是越来越严重的多屏时代，注意力资源极度稀缺。

4. 你的价格 VS 消费者能够接受的价格

价格要对得起消费者，才能走得远！

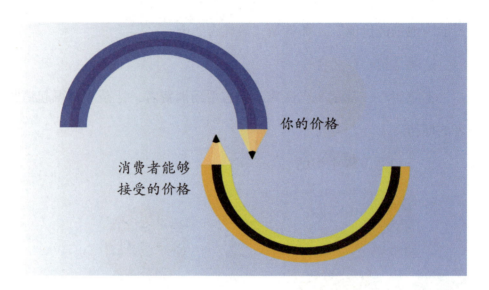

但是，你有各种成本，很多消费者考虑不到你的成本。在虚荣和实惠之间，你要基于自己的品牌营销定位，果断地做出选择，消费者也要做出选择。

因此，你的价格体系与消费者能够接受的价格体系，这二者中的关系必须平衡。

该如何平衡？

二者兼顾，各有侧重，具体的必须从实践中来才能获知，并且要不断调整，闭门造车不可行。

5. 口碑传播 VS 口语传播

口碑传播，首先要是口语化的内容，才适合口碑传播，书面语一般是不适合口碑传播的，除非时间久了，某些书面语渐渐成了耳熟能详的"口语"，就像三聚氰胺、PM2.5、氨基酸等。所以，你需要口语化的"口碑传播"。

第五部分 // 未来五年，茶业营销六大趋势

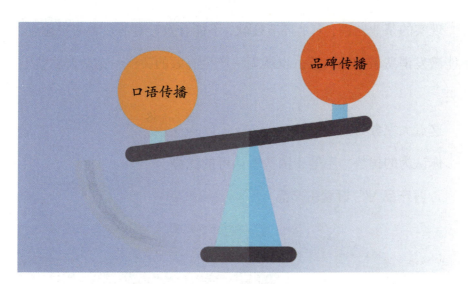

怎么检验传播效果呢？这里为大家提供一个方法，就是思考一个问题：你的产品卖给消费者，消费者会如何向自己的亲朋好友介绍？

这个问题必须搞清楚，必须回答好！才能正确体现传播的效果。

6. 品质稳定 VS 消费者认为你品质稳定

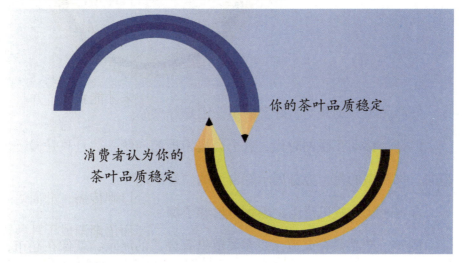

这里需要注意的是，这两件事不是一回事。

太多人喜欢幻想，仿佛普天之下都知道自己的产品好。

现实的茶业营销,多个环节疲软,不能有效针对消费者的兴趣点,不能激发消费者的购买欲,也就无法产生有效的关注,销量自然就上不去。

这点大家务必要搞清楚!

你认为的优势,不等于消费者认可的优势。

7. 好产品 VS 好卖的产品

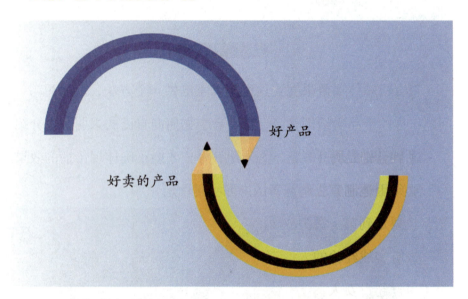

好产品不一定好卖,好卖的不一定是好产品。

但是,移动互联网时代,这个会慢慢地趋向统一,且只是慢慢地趋向。你要做的是,充分展示好自己的"好产品"。

多屏时代,资讯泛滥,酒香也怕巷子深。

例如,产品要有渠道,要在渠道里有合适的展示,就像在超市,那么多产品,并不是都能卖得好。这是完全个性化的问题,必须认真调研解决。当然,其中是有规律可循的。

8. 野生 VS 圈养

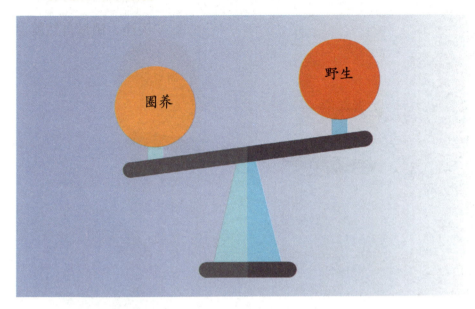

品牌营销是野生的，不是圈养的。

必须因地制宜去解决问题，而不是关起门来研究方案。即使出去了，也要走到第一线去发现问题并解决问题。

没有实战经验的人谈营销，就像男人谈生孩子的艰苦，谈得再多都不可能超过女人。

例如，加油站便利店、小区便利店、宾馆便利店、超市、商场，等等。场地很多，眼花缭乱，当你的资源有限时，必须组合合适的终端来卖茶，而不是天女散花，看上去都有，但都没啥销量。但我不是否定学院派，只是提醒不能过度迷信学院派。茶叶行业也很有趣，很多人没有实战经验，却在大谈营销。这个要辩证地看，因地制宜地去思考和运用。

9. 新媒体 VS 老媒体

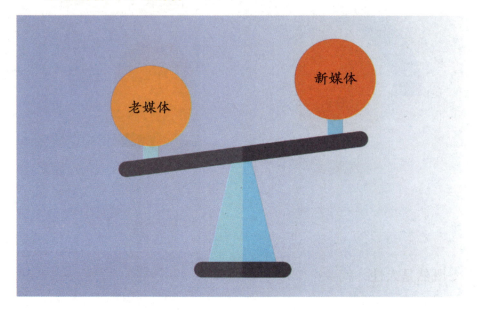

品牌需要媒体传播。

媒体的背后是人性，我提出人性品牌二十几年了，根本的人性没有改变，也不大会改变。

例如，手机可以变没了，但手机背后的人是存在的，他的人性是不变的。抓住不变的，才能应对变化无穷的环境。

不要害怕新媒体，只要认真研究和实践，你就可以充分运用新媒体提高茶叶销量、提升茶叶品牌。

10. 商会 VS 商机

血缘关系、地缘关系，这是中国人很看重的两大关系。卖茶利用的商会，实际上是在利用这两大关系，很多茶商都在这么做，有的好，有的坏，这是为什么？这其中主要原因还是人性。

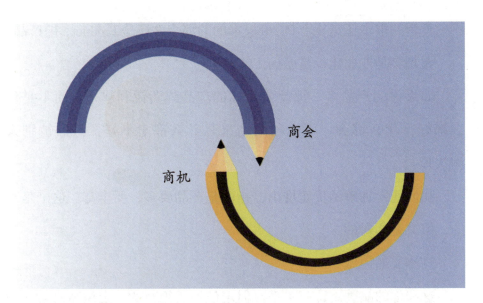

既然是人性,就要遵循"松树法则",即在轻轻松松的沟通中,扎扎实实地树立了品牌,而不是非常功利的,急急忙忙,这样做生意大家都不喜欢。这是"松树营销"中非常重要的一个内涵。

11. 货卖堆山 VS 工匠精神

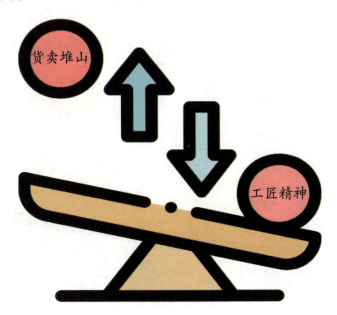

营销的根本还是4个P，最根本的的那个P还是Product，即产品。大趋势是专业化，是弘扬工匠精神。

如果你的产品多，那就要让你的产品阵营锐利起来，而不是什么都好，什么都会。不锐利的结果是什么都卖不好，只好被别人淘汰掉。

我们通常理解是货卖堆山，指的是产品要多，要丰富。这个是对的，但又是相对的。

具体要如何做？

这和你的品牌定位有关系。但定位不是绝对的。定位需要与你的发展相适应，这里拿苹果手机为例。

苹果有多少款手机？屈指可数。数量远远不到其他一线品牌，但影响力、销量及利润呢？大家都知道，这些都远超其他品牌。

12. 说出来、说清楚、说动人 VS 说服人

说出来、说清楚、说动人和说服人,这是说话的四个境界。

很多人都处于第二境界。说话,要时刻记住"金字塔原理"。就像刀剑、牙签,这些都在揭示一个道理,进入另一个"世界",你的"头"最好是尖尖的,由易到难。说话需要不停地练习,练习的前提是找到规律并学习规律。

趋势六 一步步回归"正道"

老同学相聚喝茶时,一位同学笑着问我:"你那么喜欢茶,给我们说说泡茶要讲究什么?"

我笑着回答说:"老同学,你说要讲究啥?好茶好水,好好用心,泡着好喝就好了,我不喜欢把泡茶搞那么复杂,有必要吗?我从小喝茶,就是把茶叶放在杯子里,现在忙的时候,还是这样喝。今天这样泡茶,我也是简化了工序,重要的是茶质和水质。"

这位同学继续说:"我看不少人穿着长衫布鞋,慢悠悠地泡茶,有模有样,很安宁,很素雅,很和谐。乍看起来似有几分仙气,还有几分陶醉,好像这样才算是泡茶。"

"除非是表演或其他特殊需求,平日里喝茶没必要这样喝,选择适合自己的好茶好水才最重要。至于喝茶和悟道,本就是两回事,可以联系在一起,可以搞点形式、做些创新,但不能生搬硬套、舍本逐末。"我回答说。

"是没必要那么复杂,可以悟道的东西太多太多,股市可以悟道、期货可以悟道、基金可以悟道、保险可以悟道、开车可以悟道、爬山可以悟道、尽孝可以悟道、炒菜可以悟道,甚至过马路都可以悟道……可以悟道的东西有很多,何必神话泡茶?茶虽重要,但完全没这个必要。"另一位同学说。

"我们举双手赞同!"几个朋友表达了同样的观点。

"如果真要喝茶悟道,我认为应该让绝色美女来泡茶,帮着悟道。有些宣传说,喝茶不是可以静心吗?不是可以让人远离凡尘俗世吗?当绝色美女优雅地泡茶时,近在咫尺,一尘不染,你关注的是什么?这个时候,你的修为一目了然。不少人穿着长衫布鞋,只是掩盖了欲望,而不是化解了欲望。人在这个世界,装得太多,有时装得自己都不认识自己了,这是一种悲哀。"任同学继续说。

"说得妙,就如同最近流行的禅舞,也挺有趣,白衣飘飘就真的内心纯净了?不一定,或许白衣飘飘,正是因为内心的苍白。"一旁的同学评论说。

"对!境由心造,心才是关键!内心苍白,就会更多地借助外物;内心丰厚,才会更多地化解外物。"我说。

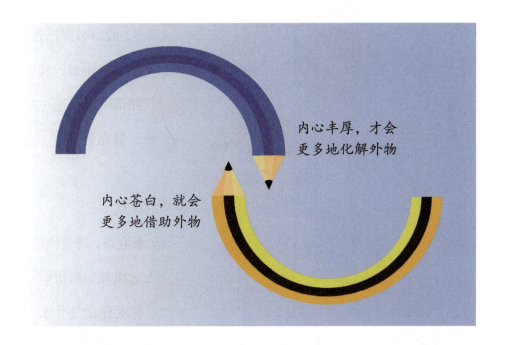

"所以,今天的'道'与'盗'同音,'真'与'甄'同音,或许不是偶然,就像这世界上的很多事,看起来都是'一样的',但只要稍微动一动脑筋,就很快会发现,其实他们绝不一样。"任同学分析。

"赶不上高铁了。"我说。

"那就随它吧,安心喝茶,总有一班车可以回家。"同学说。

我们相视一笑,这就是道,可以是茶道,可以是商道,可以是天道,也可以是人生之道,归根结底是至简之大道。

因为,"道不远人,人之为道而远人,不可以为道",你、我、他,我们,时时刻刻都在"道"中。当然包括营销之道。

那么,茶业营销如何回归呢?

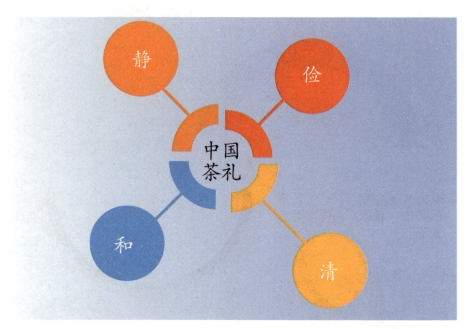

著名的茶学家、制茶和审评专家、"茶界泰斗"张天福老人曾用四句话表达了他对茶的理解:"茶尚俭,勤俭朴素;茶贵清,清正廉明;茶导和,和衷共济;茶致静,宁静致远。""俭、清、和、静"已经成为"中国茶礼",颇受茶界推崇。

茶叶营销的正道不是简单地鼓吹茶叶好,更不是鼓吹茶叶价格有多么昂贵,而是要深度挖掘健康简单的茶饮方式,让"旧时王谢堂前茶"更多地"飞入寻常百姓家"。

张老的饮茶观是茶业营销的"正道",一切的努力都应该以此作为根基,其他的炒作、高价、奢侈等,可以有,也会长期存在,但不是茶产业长治久安的根基。

张老曾提出靠名气"打天下",靠品质"坐天下",这句话不仅适用于福建茶,所有茶都适合。违背这句话的茶叶品牌,终究会走向衰败。

第五部分 // 未来五年，茶业营销六大趋势

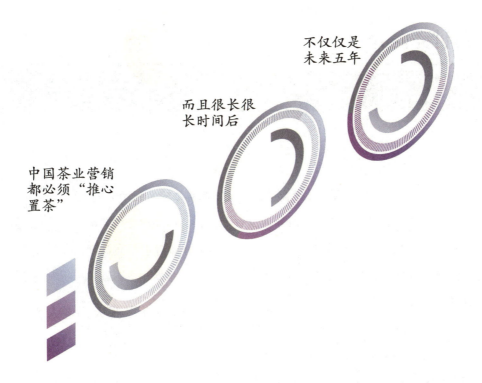

不仅仅是未来五年，而且以后很长一段时间内，中国茶业营销都必须"推己之心，置于茶上"，把控茶叶质量，吸引更多的普通消费者，才能从根本上解决茶叶营销的难题。

2017年6月4日9时22分，张老在福州逝世，享年108岁。一个时代结束，中国茶叶从此进入"后张天福时代"。留给我们的是无尽的悲痛、泪水、思念、追忆……但最好的悼念方式，并不是悲痛，而是让中国茶产业静下心来，认真思考中国茶如何才能一天天回归正道，真正实现"俭、清、和、静"，让中国茶业造福越来越多的天下苍生。

谢付亮简介

● 15岁考入华东师范大学商学院,著名品牌专家、国学专家、诗人,《品牌策划师资认证标准》起草者之一,茶叶品牌营销实战权威导师,深耕茶叶品牌营销近20年,开创茶叶品牌营销实战研究先河,案例和作品影响了中国数百万茶商,深度推动了中国茶产业的品牌营销进程。

● 20余年品牌运作经验,主持策划过白茶娶妃、珠钻之争等极具影响力的经典案例,其观点、论著和案例被国内外多家媒体推荐与报道,曾被业内誉为"中国茶叶品牌策划第一人"。

● 读力国学书院创始人、远卓品牌策划公司首席顾问,研究国学20余年,授课课时累计万余节,擅长用国学经典智慧解决品牌营销难题,兼任中国智慧工程研究会策划专业委员会副秘书长。

● 著有《品牌天机——超低成本塑造品牌的16条黄金法则》《茶翅高飞——中国茶叶品牌快速崛起之道》《点茶成金——快速卖茶72招》《指点茶山——中国茶业竞争与谋略》《推心置茶——大转型时代的22条茶业商规》《卖茶你要这么说——快速破解卖茶的49个困惑》《一群正在回家的人——一位"营销诗人"的人文诗选》等10余部经典著作。